512

Heinz Webers

Wörterbuch
Krieewelsch – Deutsch
Deutsch – Krieewelsch

Seidenweber Bücherei

**Für Marianne,
die manchmal auf den Computer
hätte neidisch werden können...
...und im Gedenken an den
unvergessenen Krefelder Mundart-
Dichter und -kenner Willy Hermes**

Die Deutsche Bibliothek – CIP-Einheitsaufnahme

Webers, Heinz:
Wörterbuch Krieewelsch – Deutsch, Deutsch – Krieewelsch/
Heinz Webers
1. Auflage 2000, Verlag tax & more, Würzburg.

ISBN 3 – 9807395-0-3

Umschlag: Ausschnitt aus einem für die Krefelder Schulen
herausgegebenen Stadtplan (um 1910). Die Vorlage stellte
Winfried Kappes, Krefeld, zur Verfügung.

© 2000 Seidenweber-Bücherei im Verlag tax & more, Würzburg.
Satz: Christian Ahrens, Köln.

Internet: www.krieewelsch.de (Realisation: Soft@d, Bad Homburg).

Druck: Druckerei Paniczek, Krefeld.

ISBN 3 – 9807395-0-3

Vorwort

Daarestiet...

... sätt dä Krieewelsche, on ech donn dat och. Et freut mech, dat Ihr Öch dat klieene praktische Böckske möt dä janzen Huop krieewelsche Wöert jejolle hat. Et sal Öch wahl döx helpe on och noch Freud maake, dooe bön ech janz jewess.

Liebe Mundartfreunde, gehören Sie auch zu den 65,87 Prozent der Menschen, die ein Vorwort nicht zu Ende lesen? Deshalb nur die paar Zeilen:

Die Schreibung dieses Wörterbuchs orientiert sich weitgehend an der von Willy Hermes in seinem Wörterbuch "Krieewelsch van A bes Z" festgelegten.

Manche Wörter hätte ich jedoch anders geschrieben, zum Beispiel das Wort für Erbse. Hermes schreibt "Eärte", ich höre "Ärte"; er schreibt "Dagestiet", bei mir lesen Sie "Daarestiet". Also kommen Wörter in diesem Wörterbuch mehrmals vor. Und wenn Sie ein Wort nicht auf Anhieb finden, suchen Sie deshalb bitte nach einer anderen Schreibweise. Manchmal hilft es auch, das hochdeutsche Wort nachzuschlagen, um von dort zum mundartlichen zu gelangen.

Dat wör et al, mier stieeht janz henge.

Heinz Webers

Grußwort

Ein kleines Wörterbuch "Krieewelsch", das sich leicht "en de Fottetäsch" mitnehmen läßt (so der Autor) und das sowohl die hochdeutsche Entsprechung für den Mundartausdruck enthält wie auch demjenigen hilft, der nicht weiß, wie er ein hochdeutsches Wort auf "Krieewelsch" wiedergeben soll, hat es bisher noch nicht gegeben. Das vorliegende Büchlein schließt die Lücke. Es dient allen, die "mal schnell" etwas nachsehen wollen, ohne passende dicke Bücher zur Hand zu haben: im Familienkreis, am Stammtisch, in der Diskussion mit Mundartfreunden, in der Schulklasse, beim Erzählen – oder Aufschreiben – von "Stöckskes".

Heinz Webers hat seit Jahren die Augen aufgehalten und mit Geschick zusammengetragen, was in solch ein Büchlein gehört. Die Frucht seiner intensiven Sammeltätigkeit liegt jetzt vor und wartet auf Benutzer. Sie sind dem neuen Wörterbuch in reichem Maße zu wünschen. Als Vorsitzender des Vereins für Heimatkunde Krefeld, dessen Arbeitskreis Mundart, Brauchtum und Volkskunde der Autor mit großem Engagement leitet, und als Mundart-Interessierter freue ich mich sehr über die willkommene Bereicherung unsres mundartlichen Schrifttums und sage Heinz Webers herzlich Dank für all die Arbeit, die er in das nützliche kleine Werk gesteckt hat.

Dr. Reinhard Feinendegen

En Mönke voll Platt

Guten Morgen = Morje!	**1** = e-in
Guten Tag = Daarestiet, jooen Daach	**2** = twi-e
	3 = dre-i
Guten Abend = Nooewend, jooen Ooewend	**4** = vier
	5 = fief
Auf Wiedersehen! = Adschüss	**6** = seäs
Wie geht es? = Wie jieht et?	**7** = si-ewe
Danke! = Märssi!	**8** = aach
Ja = Jooe	**9** = ni-eje
Nein = Nä	**10** = teen
Gestern = Jiester	**11** = elef
Heute = Vandaach	**12** = twälf
Morgen = Morje	**13** = dörteen
Montag = Mooendaach, et mondachs, mondes	**14** = verteen
	15 = fiffteen
Dienstag = Densdach, et densdachs, densdes	**16** = sässteen
	17 = si-ewenteen
Mittwoch = Mettwoch, et mettwochs	**18** = achteen
	19 = ni-ejenteen
Donnerstag = Donnesdaach, et donnesdachs	**20** = twentich
	30 = dörtich
Freitag = Friedaach, friedaachs, et friedes	**40** = verzich
	50 = fiffzich
Samstag = Samsdaach, et Samsdachs, samsdes	**60** = sessich
	70 = sieewenzich
Sonntag = Sonndach, sondaachs, et sonnes	**80** = achzich
	90 = nieejenzich
Eine schöne Beschäftigung = en feine Kett	**100** = hongert
	1000 = dusend
Laß nur! = Lott sien!	**10000** = teendusend
Hör mal! =Säg hür ens!	**100000** = hongertdusend
Meinst du? =Mens do?	**500000** = fiefhongertdusend
Das ist so! = Dat es suo	**1000000** = een Milliuon

A

aach = acht
aachdusend = achttausend
aachhongert = achthundert
Aak, dä = Kahn
Aal, die = Alte
aal Duos, die = alte Frau (Schimpfwort)
aal Möhn, die = alte Frau
Aalwiewer, die = Altweiber (Fastnachtsbegriff)
aan = an
Aan, dä = Antrittsstelle beim Spiel, Startlinie
Aanjang, dä = Überwindung, schwerer Anfang, Unangenehmes
Aanjeäver, dä = Angeber, Prahler
Aanjestell, dat = Übertreibung, Wehleidigkeit
Aanjewände, die = Angewohnheit
aankische = auf jemanden hetzen
aanklapeie = anschwärzen, verpetzen
aanklappe = andrehen, Ware andrehen
aanküetele = anbiedern
aanmaake = anmachen, animieren, anzünden
Aanmaaksholt, dat = Anmachholz
aanracke = anrempeln, Streit anfangen
aanschriewe = auf Pump kaufen
aanspetze = anspitzen, auffordern, anspornen
Aanstrieker, dä = Anstreicher
aanstuote = anstossen
aantrecke = anziehen
Aap, dä = Affe
Aapefott, die = Schimpfwort
Aapere'i, die = Verrücktheit
aapich = affig
Aas, dat = durchtriebener Mensch
AB, dä = Tabakmarke
Abee, dat = Abort, Toilette
abßent = selten, rar gemacht
achteen = achtzehn
Ad, dä = Adolf
adig = artig, nett
adrett = gefällig, anmutig
adschüss = lebwohl, auf Wiedersehen, wiedersehen
adschüss parti = auf Nimmerwiedersehen
Äerpel, dä = Kartoffel

Äerte | **app**

Äerte, die = Erbsen
Äertezupp, die = Erbsensuppe
Äesel, dä = Esel
Affall, dä = Abfall
Affalstonn, die = Müllbehälter
affkloppe = abklopfen
affluckse = betteln, abschwätzen, zur Abgabe überreden
Afmaksbüerschel, die = Handbürste
Aki, dän = Lebenshaltung, Lebensart, Gewohnheit
akrat = genau, ebenso
ald = schon
Alde, dän = Alte, der
alde Büll = Schimpfwort
Alder, dat = Alter, das
Äldere, die = Eltern
all = schon
all wieer = schon wieder
Allabonör = alle Achtung!
alle Naase lang = oft
allebeds = beide, alle beide
alleen = allein
allemoele = alle, allemale
allerbeäs = bestens, am besten
Allerhellije = Allerheiligen
Allersieele = Allerseelen
alles Kappes = nicht gelungen
allsuoleäwe = zeitlebens
alltits = allezeit, immer, jederzeit
altfränksch = altmodisch
Altrüscher, dä = Trödler, Althändler
Altverstank, dä = Weisheit
Alwis, dä = Aloisius
amboardjooehn = auftrumpfen, forsch handeln, aufregen
Ambraasch, dä = Aufhebens, Aufwand
Amesemang, dat = Unterhaltung, Amüsement
amesiere = amüsieren, sich vergnügen, vernügen
Ami, dä = Amerikaner
Amüsemang, dat = Vergnügen, Heiterkeit
Andive, dä = Endivie
Andiveschlaat, dä = Endiviensalat
Andrieensteck, dä = Andrehstock für den Webstuhl
ängere = ändern
angersch = anders
angerte = andere
angerthalf = anderthalb
Ängs, die = Angst
Ängshas, dä = Angsthase, ängstlicher Mensch
Ängsküetel, dä = Angsthase
anieen = aneinander
Ann, die = Anna
Annongs, die = Anzeige, Inserat
Antree, dä = Eintritt, Eintrittsgeld
Ap'tieek, die = Apotheke
apart = nett, fein
app = ab

appe Puot = fehlender Fuß
Appel, dä = Apfel
Appelkruut, dat = Apfelkraut
Appelskitsch, die = Kerngehäuse des Apfels
Appelstieef, die = Marktfrau, freche Frau
Appeltaat, die = Apfeltorte, Apfelkuchen
appretiere = ausrüsten
Appretöör, dä = Ausrüster
ärbe'e = arbeiten
Ärbet, die = Arbeit
ärg = arg, schlimm
ärjere = ärgern
Ärm, dä = Arm
ärm = arm
ärm Dier, dat = bedauernswerte Person, deprimiert sein, Zustand tiefer Traurigkeit
ärmen Doll, dän = Einfältiger, bedauernswerter Mensch
Ärte, die = Erbsen
Ärtezupp, die = Erbsensuppe
Ärv, dat = Erbe
Ärvdiiel, dat = Erbteil
ärve = erben
Äsch, die = Asche
Äschekrütz, dat = Aschenkreuz
aspele = raspeln

astrant = beherrschend, rechthaberisch
Att, dä = Adolf
Ätzig, dä = Essig
Äu, dä = August (Vorname)
avjeäwe = abgeben
avjekuoeme = zur Erstkommunion gegangen
avkieke = abgucken
Avkommsböxke, dat = Komunionhose
avkuome = abkommen, sein lassen
Avkuomseäte, dat = Mittagessen zur Erstkommunion, Kommunionessen
Avkuomskenk, dat = Kommunionkind
avtrekke = abziehen, davon machen, verabschieden
Avtrekksbeldsche, dat = Abziehbild
Avvekaat, dä = Advokat, Anwalt
avvjekratzt = verstorben
Avvkommseäte, dat = Kommunionessen
Avvkommskenk, dat = Kommunionkind
äwwer = aber

B

ba ! = pfui
Baarsch, däm = Sprung (im Glas oder Krug), Riß
Baas, däm = Meister, Geschäftsinhaber, Vorsitzender
Baas op = Kinderspiel
baate = helfen, bewirken
Bäbbel, däm = Plappermaul, Mund, Rederei
Bäbbelmanes, dä = Redner
Bäbbelsfott, die = Dauerrednerin
Bäbbelskall, dä = Geschwätz, Gerede
Babelott, dat = Haarwickler, Lockenwickler
Babengekaas, dä = Schrank für Garnrollen
Babengekäeske, dat = Holzkästchen für die Handweberei
Back, dä = Nachen
Back, däm = Bottich, Schüssel, Wanne
backe = backen
Backes, däm = Backhaus, Backofen
Backooewe, däm = Backofen
bäddele = betteln
Bäddelskroem, dä = Wertloses
Bädder, die = Betten

Bäffke, dat = Lätzchen, Umhang
Bahnekapp, die = Mütze des Bahnbeamten
Bajaasch, die = Gesindel, Gruppe, Verwandte, Kinderschar
Bajeer, die = Aufregung, Lärm, Getümmel
Bajeere, die = Zugschranke
Bälderkes, dat = Zahnfleisch, Gaumen
Balg, däm = Leib, Kleinkind (Schimpfwort)
Ballgaß, dä = Unterbett
Bändel, däm = Band, Stoffband, Schürzenverschluss
bang = ängstlich, bange
Bäng, die = Angst
bange Zibbel, dä = Ängstlicher, Angsthase
Bängel, däm = Band
Bängelpirk, däm = Bandwurm
Bank, dat = Gürtel, Reifen
Bankdrieewe = Reifentreiben
Bär, däm = Getue, Angestell
Barchem, dat = Inlett
bäre = matschen
Bärm, däm = Menge
Bärtes, dä = Bernhard

Baselmanes — bekläue

Baselmanes, dä = Umstandskrämer
Baselümke, dat = aus der Mode gekommenes Kleidungsstück, Hemd, Arbeitshemd
Baselümmke, dat = Arbeitsrock
Bätes, dä = Albert, Lambert
Bätt, dat = Bett
batte = nutzen
Batzeschläjer, dä = Gehrock
Bäu, die = Ernte
Bäus, dä = wärmendes Kleidungsstück, Alltagsjacke, Mantel
be = bei
Beäker, dä = Becher
Beänbock, dat = Gebetbuch
beäne = beten
Beär, dä = Bär
beäre = matschen, verschmutzen, verdrecken
Beäste, dat = Beste
beäter = besser
Bed, dat = Bett
Beddche, dat = bisschen, ein wenig
bedeene = bedienen
bedrieeve = betreiben
bedröbbelt = traurig, benachteiligt, enttäuscht
bedröppt = traurig
bedrövvt = betrübt
bedü'e = bedeuten
bedümele = täuschen, betrügen, übervorteilen
beduon = betun, beschäftigen, sich zugute tun
beduore = bedauern
be-enieen = beieinander, zusammen
befummele = betasten
befutele = betrügen, falsch spielen
behelpe = behelfen
Bei, die = Biene
Beiekörv, dä = Bienenkorb
beiere = läuten
beiere = reden, langsam sprechen
beiern = auffällig sprechen, leiern
Beitel, dä = Meißel
Bejängnis, dat = Beerdigung
bejeäjene = begegnen, treffen
Bejing, die = Schwester, Nonne
Bejingebützke, dat = züchtiger Kuss auf Stirn oder Wange
Bejingefüerzke, dat = Gebäck
bejriepe = begreifen
bekalle = beschwätzen, besprechen
bekammele = beschmutzen
Bekännes, dat = Bekannter
bekännt = bekannt
bekieke = besehen, ansehen, in Augenschein nehmen
bekläue = bestehlen

13

Bekömms häbbe = genug
Bekömmsel, dä = Gewohnheit, Vergnügen, Auskommen
Bekömmsel häbbe = genug, Auskommen haben
belawere = überreden, zuquatschen
Beld, dat = Bild
Bell, die = Billa, Sibylle, Sibylla
Bella, die = Isabella
bellig = billig, preiswert
bemennt = gemeint
benaut = beklommen, dumpf, schwül
Bend, däm = Wiese, Waldwiese
benge = binden, zusammen binden
Bengel, däm = robuster Junge, Band, Schürzenband
bengele = prügeln, zulangen
Benimm, dä = Benehmen, Anstand
benne = innen, drinnen
benött = bedrückt, verstimmt, verlegen
berappe = bezahlen
berimt = bereift
Bern, dä = Bernhard
Bert, dat = Berta
bes = bis
Beschüüt, dat = Zwieback
besieewere = bekleckern, beseibern, beschwatzen
Besöck, dä = Besuch
besöcke = besuchen, aufsuchen
besooepe = besoffen, betrunken
besorje = besorgen, beschaffen
bespreäke = beschwören, besprechen
Bessem, däm = Besen
Bessemshött, die = Besenkammer
Bessemshütt, die = Besenkammer, Abstellkammer
Bessemstruuk, däm = Ginsterstrauch
besteäle = bestehlen, beklauen
bestrooefe = bestrafen
betaale = bezahlen
Bettlad, die = Bettgestell
Bettsprei, die = Tagesdecke, Überwurf
betuppe = betrügen, mogeln
Beus, dä = schwerer Mantel, Wintermantel
Bi'etel, däm = Beitel, Stechbeitel
bichte = beichten
Bichtstohl, dä = Beichtstuhl
Bieen, dat = Bein
Biees, dat = Tier, Schimpfwort
Bieesteree, die = Gemeinheit, Hinterhältigkeit
Bieet, dä = Biß
Bieet, däm = Bissen
bieet = abgehärtet, durchbissen
bierfröndlech = zutraulich
biete = beissen

Biier — **Bockert**

Biier, die = Birne, Glühbirne, Kopf
Biies, dat = Biest, Hinterhältige/r
Billa, die = Maria-Sibilla
Billjett, dat = Fahrkarte, Eintrittskarte
Bisel, die = Strähne, Haarsträhne
Biss, dä = Regenguss, Schauer
Blaare, die = Kinder
blaarig = kindisch
Blag, däm = kleines Kind
Bläss, däm = falbes Pferd
Blaue, däm = rothaarige Person
Bläuel, däm = Schwänzer, alberner Mensch
bläuele = daherreden
Blaumann, dä = Arbeitsanzug, Arbeitskittel
Ble'ek, dat = Blech
Bleäk, dat = Blech
Bleäkschuster, dä = Klempner
Bleär, die = Blätter
bleäre = plärren, weinen
bleäre = blättern
Bledde, die = Flomen
Bleefeär, dä = Bleistift
Bleek, die = Bleiche
Blenge, die = Fensterläden, Blenden
Blenge, däm = Blinder
blenk = blind
Blie'ek, die = Bleiche
Bliek, die = Bleiche
blieve = bleiben

blöeke = blöken, brüllen
blöh = hellblau
blöhe = blühen
Blömke, dat = Blümchen
blonk = fahlfleckig, blond
Blooes, die = Tüte
blooese = blasen
Bloom, die = Blume
Bloomeküel, dä = Blumenkohl
Bloomeküeluohre, die = Blumenkohlohren
Bloot, dat = Blut
blootruod = blutrot
Blootschweär, däm = Blutgeschwür
Blootwuorschweäk, die = letzte Woche des Monats
Blöske, dat = Tütchen
Blötsch, die = Einbeulung, Delle, Vertiefung
bluos = blos, nur
Blus, die = Bluse
Bobing, die = Garnrolle
Bobingekeäske, dat = Wandschränkchen für Garnrollen, Schränkchen
Bock, dat = Buch
böcke = bücken
Bockeekele, die = Bucheckern
Bockem, dat = Bockum
Böckem, dä = Räucherhering, Bückling
Böcker, die = Bücher
Bockert, dä = Buchweizen

Bockertskock, dä = Buchweizenpfannkuchen
Bockertsköckskes, die = kleine Buchweizenpfannkuchen
Bockfenk, däm = Buchfink
Bockhall, die = Tagungshalle der Sterbelade
Bockumsche, die = Bockumer
Bockweete, dä = Buchweizen
Böersch, die = Burschen
Böeverschte, die = Oberschicht, Vorgesetzte, Chefs
boldere = poltern
Bolderkaar, die = Handwagen
Bolderwarel, däm = Bolderwagen, Fuhrwerk
Bolderwarelsbahnhooef, dä = großes Gesäß
bölke = rülpsen, aufstossen, brüllen
Bölt, die = Hütte, vernachlässigte Behausung
bolze = fussballspielen, wild fussballspielen
Böm, die = Bäume
Bomesin, dat = glänzendes Baumwollgewebe
Bomm, die = Spielkugel, grosse Überraschung
Bommel, dä = Troddel
Bommel, däm = unzuverläsiger Junge
bommele = baumeln, nichtstun, schwänzen

Bömmelke, dat = Troddel
Bommelzoch, dä = Bummelzug
Bongert, däm = Obstgarten, Obstwiese
Bongkte, die = Buntwäsche
bonkt = bunt
Bönnche, dat = Dachboden, Bretterboden unterm Dach
bönne = innen, drinnen
Bönnefette, dä = magerer Mensch
Bönsche, dat = Dachraum
booel = hohl, locker
Booem, däm = Boden
Booerd, dat = Bord
Booersch, däm = Bursche
Booerschbuom, däm = „Baum" am Webstuhl
Booerscht, die = Brust
booeve = oben
booevendrop = obendrauf
Boomspill, die = Achse des Kettbaums
boor! = Ausdruck höchsten Erstaunens
Boorsch, dä = Bursche
Bördsche, dat = Bündel, Bord, Bordüre
Bördsches Muure, die = grosse Hände
Borembahnhooef, däm = Eisenbahnhaltestelle, plumpes Hinterteil
Borschal, dä = Brustschoner

bös = bis
Boschbuom, dä = Brustbaum
Bott, däm = Bote
bott = ungehobelt, plump
bott aanstelle = plump anstellen
Botter, die = Butter
Botteramm, die = Butterbrot, Stulle
Botterblömke, dat = Butterblume
Botterbloom, die = Hahnenfussgewächs
Botterdöppe, dat = Buttertopf
Botterfaat, dat = Butterfass
Bottermaat, dä = Buttermarkt
Bottermelk, die = Buttermilch
Bottermelkzupp, die = Buttermilchsuppe
Bottkaar, die = Botenwagen, Pferdewagen, Botenkarre
Bötz, däm = Gerede, Geschwätz
bötze = erzählen, klönen
Bou, dä = Gebäude
Box, die = Hose
Boxebengel, dä = Hosenband
Boxekaas, dä = Hosenboden
Boxeklepp, die = Hosenschlitz
Boxeknuop, däm = Hosenknopf, Kleinkind
Boxembooem, däm = Hosenboden
Boxetäsch, die = Hosentasche
Braak, die = grosser Mund, Maul

braatsche = weinerlich sprechen
Bramm, dä = Ginster
Brank, däm = Brand, Durst
Brankbreef, däm = Notruf wegen Geldmangel, Brandbrief
Brankspüet, die = Brandspritze
Brassel, däm = Vielerlei, viel Arbeit
brassele = schwer arbeiten
Brasselskuh, die = ungemütlicher Mensch, Schwerarbeiter
Brasselspüet, die = ungeschickte Füsse
Brasselstiene, die = ungeschickte Füsse
Bratsch, die = flacher Korb, Kartoffelkorb, Weidenkorb
Bräutigmann, dä = Bräutigam
breäke = brechen
Breäkieser, dat = Brecheisen
Breäkmeddel, dat = Brechmittel, Medizin, unangenehme Person
Breär, die = Bretter
Bredullje, die = Bedrängnis, Verlegenheit
Breef, däm = Brief
Breefdräjer, dä = Briefträger, Postbediensteter
Breefkaas, dä = Briefkasten
Breetlook, dat = Porree, Suppengrün
Brell, däm = Brille, Toilettensitz, Klobrille

Brellekieker — Büersch

Brellekieker, dä = Brillenträger, Sehbehinderter
Brellesche-i, die = Brillenetui
Bremmeschüet, dä = Tee von jungen Ginstertrieben
brenge = bringen
Bretzel, däm = Gebäck, verbogenes Speichenrad
bretzele = biegen, winden, heftig lachen
brieet = breit, sehr, arg
brieet maake = vorbereiten, neugierig machen
brieet sieen = mögen, lieben
brieet sieen op = arg sein auf, zugetan sein
Brieetluok, dat = Breitlauch, Porree, Suppengrün
Brieetwirker, däm = Weber, der breite Stoffe webt; jemand, der viel Platz beansprucht
Bro'er, däm = Bruder
Brock, dä = Bonbon
Brock, dat = Bruch
Bröck, die = Brücke
Brocke, die = Bonbons
Bröckske, dat = kleine Brücke
Bröemel, dä = Träumer
broene = braten
Bröickske, dat = kleine Brücke
Bröih, die = Brühe
Bröll, däm = wüster Schrei
brölle = brüllen, weinen
Brooede, däm = Braten
Brooemele, die = Brombeeren
Brooemelestruuk, däm = Brombeerstrauch
Brooeneärpel, die = Bratkartoffeln
Bross, die = Brust
Brosspolver, dat = mildes Abführmittel
Brosstiee, däm = Brusttee, Hustentee
Bröttsche, dat = Brötchen
Brottwuorsch, die = Bratwurst
Brunk, dä = Brauch
Bruot, dat = Brot
Bruotmasching, die = Brotmaschine
Bruotmetz, dat = Brotmesser
Bruotzupp, die = Brotsuppe
bruuke = brauchen
bruun = braun
Bruune, dä = Ungepflegter, Mensch ohne Manieren
Bruut, die = Braut
Bruutkiss, die = Truhe
Bubbel, däm = Schwatz, Unterhaltung, Mund
bubbele = plappern, ausplaudern
Bubbelswaater, dat = Alkohol
Buck, däm = Bauch
Buckping, die = Leibschmerzen
buddele = ausheben
Büekebuom, däm = Buche
Büersch, die = Bürste

Büerschel, die = Bürste, Handbürste
Büeßeluope = Büchsenlaufen
Buhei, däm = Getue, Aufhebens
bühre = hochheben, ehren, emporheben
Büjeliiser, dat = Bügeleisen, Plätteisen
Büll, dä = eigenartiger Mensch
Büll, die = Beule
Büll, däm = Beutel
Bülles, dä = Bauch, Leibesfülle
Bült, die = Hütte, armseliges Haus
buohl = krank, hohl(äugig)
Buohn, die = Bohne
Buohne, die = Bohnen
Buohne-durieen = Bohneneintopf
Buohnestake, die = Bohnenstangen
Buohnestrüeh, dat = Bohnenstroh
Buohnezupp, die = Bohnensuppe
Buom, dä = Baum
Buor, däm = Bauer
Buorejaard, däm = Bauerngarten

Buoremaid, die = Bauernmädchen
Buorenhooef, dä = Bauernhof
Buoreprengel, dä = ungehobelter Mensch
Buorerämmel, dä = ungehobelter Mensch
Buorschaff, die = Bauernschaft, kleine Ansiedlung
Buosch, dä = Busch
Buschbuohne, die = Buschbohnen, Strauchbohnen
busele = bummeln, tröngeln, langsam arbeiten
Büselke, dat = drolliges Kleinkind
Buselöres, däm = Kalfaktor, Hausdiener, Gehilfe
Bütt, die = Rednerpult im Karneval
Bütt, die = Kübel, Waschtrog, Badewanne
Butz, dä = Kuss
bütze = küssen
Bützjeschirr, dat = küssfreudige Person
Bützke, dat = Küsschen
büüt maake = unrechtmäßig aneignen
buute = draussen

C

calvinsch = evangelisch, calvinistisch
Chress, dä = Christ
Chressbuom, dä = Christbaum, Weihnachtsbaum
chresskathollisch = streng katholisch
Chresskenk, dat = Christkind, Jesuskind
Chressmes, dat = Weihnachtsfest
Chressmiees, die = Christmette
Chriees, dä = Christian
Chrieesdag, die = Weihnachtstage
Christing, die = Christine, Stina
Clör, dat = Clara

D

dä = der
Daach, dä = Tag
daachsüewer = tagsüber, über Tag
Daag, dän = Tag
Daagessiep, die = langanhaltender Regen, Nieselregen, Dauerregen
Daagestiet = Gruss, Tageszeit
Daaglüehner, dä = Tagelöhner
Daak, dat = Dach
Daakhaas, dän = Katze, Katzenbraten
Daakkall, die = Dachrinne, Regenrinne
Daaktischel, dän = Dachziegel
Daaressiep, die = Dauerregen, langanhaltener Regen
Daarestiet, die = Tageszeit, Gruß
däftig = solide, deftig
Damp, dän = Dampf
dämpe = dampfen
Dampknudel, dä = fetter Mensch
Dampschepp, dat = Dampfschiff
Dänne, die = Tannen
dänne = denen
Dännebuom, dän = Tannenbaum, Weihnachtsbaum, Christbaum
Dänneduff, dä = Tannenduft
Dänneholt, dat = Tannenholz

Danz, dän = Tanz
Därm, dän = Darm
Dätsch, dän = Brei, untereinander Gekochtes
Dätz, dä = Kopf
Dau, dat = Tau, dicker Strick
Dau, dän = Tau, Morgentau
Däu, dän = Ruck, Druck, Schubs
Dauter, die = Tochter
davere = dröhnen, erschüttern, zittern
de Kett aff = fertig sein
De'injong, dä = Messdiener
deckele = abkanzeln, heruntermachen
deene = dienen
Deenjong, dä = Messdiener
deep = tief
deit = dachte
Deng, dat = Ding
Denges, dä = Ersatzname
Dengeskirke, die, dä = Ersatzname
Dessäng, dat = Muster, Gewebemuster, Design
desweäje = deshalb
deutere = nachdenken
Deuwel, dän = Teufel
Di'enjong, dä = Messdiener
dicke Zimm, die = kräftige Trommel
Dieeg, dä = Teig
Dieek, dän = Deich

Dieel, dän = Teil
dieele = teilen
Dier, dat = Tier
Dier, die = Mädchen
Dießemsche, die = Dießemer
din = dein
dinetweäje = deinetwegen
Disknuorsch, dän = Streitgespräch, Auseinandersetzung
Distrawie, dän = Buchfinkenschlag
do = du
Dock, dat = Tuch
Dockterschkrooem, dä = Arznei
Döi, dä = Druck
döi'e = drücken
döie = drücken, schubsen, anschieben
doll = verrückt
Doll, dän = Verrückter
dollen Hoot = Schimpfwort
domm = dumm
domme Fent = Schimpfwort
Dommhieet, die = Dummheit
Döneke, dat = Kurzgeschichte
donkeljröin = dunkelgrün
donkelruod = dunkelrot
dönn = dünn
Dönne, dän = Durchfall
Dönne, dän = magerer Mensch
dooe = da
dooebee = dabei
dooebooeve = da oben

dooedronger = darunter, dadrunter
dooedrop = dadrauf
dooedrüewer = darüber, dadrüber
dooeduor = dadurch
dooejeäje = dagegen
dooelanges = daranvorbei, entlang
dooemöt = damit
dooeneäve = daneben
dooenier = danieder
dooenooe = danach
dooetösche = dazwischen
doof = taub
Dopp, dä = Kreisel, hölzerner Spielkreisel
Döpp, die = Augen
Dopp sette, dat = Kreiselspiel
Döppe, dat = irdener Topf, Gefäß, Tölpel
Döppke, dat = Gelingen
Döres, die = Dornen
Dörp, dat = Dorf
Dörpel, dän = Schwelle, Bordstein, Hauseingangsstufe
dörteen = dreizehn
dörtig = dreissig
Dösch, dän = Tisch
döse = träumen, dösen
Döskopp, dän = Träumer
Dotz, dän = kleiner Junge
döx = oft, häufig
draanblieve = dranbleiben

draanhange = anhängen
drapiere = dekorieren, erwischen
drare = tragen
Draut, die = Gertrud
Dreckschwälv = Schimpfwort
Drecksemmer, dä = Abfalltonne, Müllbehälter
Dreckskeärl, dän = Müllmann, schlechter Mensch
Dreckskiss, die = Abfalltonne, Mülltonne
dree = drei
dre-i = drei
Drempel, dän = Wand auf dem Dachboden
drenke = trinken
drenn = darin, drin
dressisch = dreißig
Drickes, dän = Heinrich
Driedrooeht, dat = belegtes Butterbrot
drieene = drehen
Driet, dän = Scheisse, Kot
driete = scheissen, Verdauung haben
drietnaat = vollkommen durchnäßt
Drietsack, dän = minderwertiger Mensch
drietvoll = sehr betrunken
Drievball, dän = Treibball
drieve = treiben
Drievhus, dat = Treibhaus

dröck = stark beschäftigt, drückend
Dröemel, dän = Dummkopf, saumseliger Mensch, Langweiler
Drömel, dä = Verbindungsseide
dronger = darunter
dronger on drüver = drunter und drüber
Dronk, dä = Trank, Getränk
Droocht, dän = Docht
Drooeht, dä = Draht
Drooeteäsel, dä = Fahrrad
drop = darauf
dropaan = draufan
Dropp, dä = Tropfen
Dröppke, dat = Tröpfchen, Alkoholisches
Dröppnaas, die = laufende Nase, Triefnase
drötteen = dreizehn
drüch = trocken
Drücke, dat = Gertrud
drüeme = träumen
Drüemel, dän = Rest der alten Kette (Webersprache), schläfriger Mensch
Drüesele-i, die = Träumerei
drüewer = drüber
Drüh = Kinderspiel
Drüje, dä = Langweiler, Humorloser

drüje Pitter, dän = humorloser Mensch, Langweiler, Schweiger
Drüke, dat = Gertrud
drüsch = trocken
Druum, dän = Traum
druut = draus, ausgeschieden, ohne Orientierung
druuthalde = heraushalten
Druv, die = Traube
Druvewengel, dä = Traubenstock, Rebe
dubbelt = doppelt
düeje = taugen
duer = durch
düert = dauert
Düesch, dän = Tisch
Dumm, dä = Daumen
Duodejräwer, dä = Totengräber
Duop, die = Taufe
Duopkapell, die = Taufkapelle
Duopstien, dä = Taufstein
duor = durch
duorbiete = durchbeissen
duordrieehne = durchdrehen, die Fassung verlieren
Duores, dä = Theo, Theodor
Duorjänger, dän = Glücksritter
Duorjedöide, dän = Schimpfwort
duorjedöit = durchgedrückt
Duorsch, dän = Durst
Duos, die = Dose
duot = tot

duov   **Eäsch**

duov = taub
duov Nu-et, die = Schwerhörige/r, Schimpfwort
dür = teuer
Dür, die = Tür
Durieen, dat = Durcheinander
duriienkalle = durcheinander reden
duriienkooeke = durcheinander kochen, Eintopf kochen
dusend = tausend
Dussel, dän = Glück
Dussel, dä = Tölpel
Dusseldier, dat = Glückspilz, Träumender, Schimpfwort
düster = dunkel
Duuedekiss, die = Sarg, Totenkiste
Duures, dä = Theodor, Theo
Duurjedöide, dä = steifer Mensch

Duurjedööde, dä = Eingebildeter
Duurjooe, dä = guter Mensch
duurpaasche = durchpressen, sich vordrängen
Duuv, die = Taube
Duuwejeck, dä = Taubenzüchter
Duv, die = Taube
Duvejeck, dän = Taubenzüchter
Duvves, dän = Taubenschlag
Düwel, dä = Teufel
Düwelshött, die = Ortsbezeichnung (Klosterstrasse)
Düwelskeärl, dä = mutiger Mensch
Düwelskeckert, dän = Feuerwerkskörper
Düwelswenk, dä = unheimliches Rauschen
Dyk, dän = Straßenbezeichnung

E

Eärd, die = Erde
eärde = irden
eärde Mutz, die = Tonpfeife
Eärpel, die = Kartoffeln
Eärpelsbratsch, die = Kartoffelkorb
Eärpelschieve, die = Bratkartoffeln

Eärpelschlaat, dän = Kartoffelsalat
Eärpelsfüer, dat = Kartoffelfeuer
Eärpelskiss, die = Kartoffelkiste
Eärte, die = Erbsen
Eärtezupp, die = Erbsensuppe
Eäsch, die = Asche

Eäsel, dä = Esel
Eäselsuohr, dat = Eselsohr, umgeknickte Buchseite
eäte = essen
Eäte, dat = Essen
Eätesdösch, dän = Essenstisch, Küchentisch
Eätestiet, die = Essenszeit
eäwe drüch = eben trocken
eäwe vüel = einerlei, gleich viel
eäwes = soeben, gerade vorher
Eck, die = Ecke
Eckepinau, dat = Versteckspiel
Eckkaas, dän = Eckschrank
Edd, dä = Edmund
een = eins, ein Teil
effe = einfach, uni
effe Jriese, dä = einfacher Schnaps
effejries = grau, einfach
effen av = eben viel, kurz angebunden
effkes = eben, mal eben
eijentlich = genau genommen
eite = hinten
eitenduur = hintendurch, dahinter
eiteneröm = hintenherum
eitennooe = hinterher, danach
eiter = hinter, dahinter
Eiterjärtsche, dat = Hintergärtchen, Gärtchen hinterm Haus
ejal = egal
eje = eigen
Eldere, die = Eltern
elef = elf
Elferrooet, dän = Elferrat
Elfuhres, die = letzte Sonntagsmesse
Elsteruog, dat = Hühnerauge
emmer = immer
Emmer, dän = Eimer
en = ein, in
en feine Kett = schöne Arbeit, guter Umstand
en Küffke Bongte = Buntwäsche
en lange Kett maake = kein Ende finden
en leäje Dier = leichtfertiges Mädchen
en Mönke voll = ein bischen, ein wenig
enbejrieepe = inklusiv, im Preis enthalten
enbelde = einbilden
Enbeldong, die = Einbildung
Enbeldspüemel, dä = Eingebildeter
endoch = gewiß doch
endusele = einschlafen, einschlummern, einnicken
eneä = nein
eneit nähme = vorsichtig sein
eneit neähme = in Acht nehmen
Enfall, dä = Einfall, Idee, Geistesblitz
Eng, dat = Ende, Tod

enieenn   **Exküse**

enieen = beieinander
enjebeld = eingebildet, hochnäsig
Enjebellde, dä = Eingebildeter
enjeblötscht = eingebeult
enjedötscht = eingedellt
Enjemäcks, dat = Eingemachtes, Konserven
Enkel, dän = Enkelknochen
enkel = einzeln
Enkpott, dä = Tintenfass
enkuope = einkaufen
Enkuuemes, dat = Einkommen, Lebensunterhalt
enmaake = einmachen, einwecken
Enmaaksjlas, dat = Einkochglas
Enmaakskeätel, dän = Einmachkessel
enne Hau häbbe = geistig gestört
enne Penn häbbe = eingebildet sein
Ennert, dat = Ortsteil Inrath
Ennertsche, die = Inrather
ennooeder = in Ordnung
eno-eder = in Ordnung
ens effkes = mal eben
Enschlach, dä = Webvorbereitung
enschlute = einschliessen
enschödde = eingiessen, einschütten
entösche = inzwischen

eraan = heran, erreichen
eraff = herab
erav = herab, herunter
erenn = herein
erennhooele = hereinholen
erennkrupe = hineinkriechen
erenntrecke = hereinziehen
eröm = herum
erömbusele = werkeln
eronger = herunter, hinunter
erop = herauf
ersch = erst, zuerst
erüewer = hinüber, herüber
eruut = heraus, hinaus
Erv, dat = Erbe
Ervdi-el, dat = Erbteil
erve = erben
Ervstöck, dat = Erbteil, Teil vom Erbe
estimiere = gebührend beachten, anstacheln, antreiben
et = es, das
et Hänneske maake = Spaß auf Kosten anderer
et jieeht = es geht, klappt
et jöckt = es juckt
et Sonnes = sonntags
Etaasch, die = Etage, Stockwerk
Etzig, dän = Essig
Eu, dä = Eugen
Ev, die = Eva
Ewigleet, dat = Ewiges Licht
Exküse, die = unnötige Herausstellung

expleziere = erklären, erläutern
exprieeß = absichtlich

expries = extra

F

faas = fest
faashalde = festhalten
Faaß, die = Fastenzeit
faaste = fasten
Faat, dat = Fass
fahl = verschossen, ausgebleicht, burschikos
Fahm, dä = Faden
Fahn, die = Fahne, Alkohol-Ausdünstung
fahre = fahren
falde = falten
Falde, die = Falten
Fall, die = Falle, Bett
falle = fallen
Familije, die = Familie
Famillisch, die = Familie
Fämkeställer, dä = Genauigkeitsfanatiker
fange = fangen, schnappen, auffangen
Fanüss, dat = Ofen, Kochstelle
Färv, die = Farbe
färve = färben
Färver, dä = Färber
Färverschknöppel, dä = Rührstock

fasshalde = festhalten
Fassmaakskord, die = Kettenspanner
Fastelooewend, dä = Fastnacht, Fastnachtsabend, Karneval
Fastelooewesjeck, dän = Narr
Fatsuun, dä = Form
Fazun, dat = Form
Feäg, die = Unruhestifterin, Leichtsinnige
Feägfüer, dat = Fegefeuer
feähle = fehlen
feäje = fegen, eilen
Feäjer, dä = leichtsinniger Mensch, unmoralische Person, Feger
feäme = fädeln, einfädeln
Feär, die = Feder
feäre Pölv, dän = Feder-Oberbett
Feärebett, dat = Federbett
Feärekiel, dä = Federhalter
Feäreküsse, dat = Federkissen
Feärewolke, die = Schleier- oder Federwolken (Cirrus)
Feärke, dat = Federchen
Feäß, dat = Fest
Feäter, die = Fässer

Feerdije, dä = Gewiefter
Feldschlaat, dä = Feldsalat
fenge = finden
Fenger, dä = Finger
fengerdick = fingerdick
Fengerhoot, dä = Fingerhut
fennich = ironisch, gemein
fennig = ironisch, hinterhältig, gemein
Fent, dä = zweifelhafter Geselle, loser Bursche
ferdig = fertig
Ferke, dat = Schwein
Ferkesflieesch, dat = Schweinefleisch
Ferkesfreud, die = ausgelassene Freude
Ferkesjlöck, dat = besonderes Glück
Ferkeskopp, dä = Schweinskopf
Ferkesnieres, dä = Schimpfwort
Ferkespuot, dä = Schweinefuss
Ferkesseree, die = Schweinerei
Ferkesstall, dä = Schweinestall
Ferkestünn, dä = Antonius der Einsiedler
Fern, dä = Ferdinand
Fesslichkieet, die = Festlichkeit
Fibbel, dä = Stückchen
Fichü, dat = Spitzentuch
Fiduz, dä = Lust
Fieesch, dä = Fisch
fief = fünf
Fief, die = winkliger Riß in der Kleidung
fiefdusend = fünftausend
fiefhongert = fünfhundert
fien = fein
Fienche, dat = Josefine
Fiennas, die = empfindliche Person
Fier, die = Feier
fiere = feiern
Fierije, die = Ferien
Fierijekenk, dat = Ferienkind
Fierooewend, dä = Feierabend
fies = eklig, unangenehm
fies enieen häbbe = schwer betrunken sein
fies verdooen = schwer vertan, sehr geirrt
fies verkallt = die Zeit überschritten, ein Geheimnis preisgegeben
fiese Möpp, dä = widerwärtiger Kerl
Fiesekontes, dä = Nörgler, unangenehmer Mensch
Fiesnaas, die = Kostverächter
fiffteen = fünfzehn
fiffzig = fünfzig
Fijur, die = Figur
Fijürke, dat = Figürchen
Fill, die = Feile
Filu, dä = Gauner, Betrüger, Durchtriebener

Fimmel, dä = Spleen, Verrücktheit
Fimmelsnaas, die = Empfindliche/r, Wählerische/r
Fimp, die = Fidibus, Anzünder
fimpen = pfeifen, weinen
Fipp, dä = Philipp
Fischü, dä = Umhang
fisele = nieseln
Fiselsreäje, dä = Sprühregen
Fisematente, die = Spitzfindigkeiten, Umschweife
fispele = flüstern
Fisternöllche, dat = Flirt, Beziehung, Verhältnis
Fitasch, dä = Singvogel
Fitschbuohne, die = Schnibbelsbohnen
fitsche = schaben, in Stücke schneiden, Bohnen schneiden
Fizzke, dat = Kleinigkeit, ein bisschen
Flaakes, die = Münzrückseite
Flaar, die = Klatschsüchtige
flaare = klatschen, tratschen
Flabes, dä = unreifer Mensch, oberflächlicher Mensch
Flärk, dä = Fetzen, Lappen
Fläsch, die = Flasche
Fläschekenk, dat = Flaschenkind
Flätt, die = Nelke
flau = unwohl, flach
fläu = ohnmächtig, bewußtlos
fläu falle = ohnmächtig werden
flautes = ohne Einsatz spielen
Fleck, dä = Flicken
flecke = flicken
Fleckschuster, dä = Schumacher, unordentliche Person
Fleermuus, die = Fledermaus
Fleesch, die = Fliege
Fle-ijestropp, dä = Fliege
Fleite, die = Zöpfe
fleite = flechten
fleje = fliegen
Flejefall, die = Fliegenfalle
Flerk, dä = Fetzen, Rest, Ende
Fletsch, die = Schleuder
Flett, die = Nelke
Flieesch, dat = Fleisch
Flierembuom, dä = Holunderstrauch
Flieres, dä = Dummkopf, oberflächlicher Mensch
Flieretiee, dä = Holundertee
Fliessig Lisske, dat = Fleissiges Lieschen
Flimm, die = Einbildung
Flimmflämmke, dat = Marienkäfer
Flitsch, die = leichtsinniges Mädchen
Flitsch, die = Handschleuder, Gummischleuder
Flitsch, dä = dünner Pfannkuchen
flitsche = flutschen

Flittsche, dat = leichtsinniges Mädchen
flitze = schnell laufen, eilen
flöck = schnell
Flöjel, dä = Flügel, Hinterhaus
Flöjel, dä = Harnischflügel
Flönz, die = einfache Blutwurst
Flöttsche, dat = Flötchen
Flöttsches maake = Flöten schnitzen
Flüehbesöck, dä = Juckreiz
Flüejel, dä = Flügel, Hausanbau, Hinterhaus
Flüer, die = Jugendzeit, Blütezeit, Saison
Fluese, die = Flusen
Flüet, die = Flöte
flüete = flöten
flüete jejange = verloren gegangen
Flüetekiees, dä = Quark
Fluoh, dä = Floh
Fluohkiss, die = Bett, Schlafstatt
fluppe = glücken, klappen, gelingen
flutsche = gleiten, klappen
flutschig = schlüpfrig, glatt
föchtig = feucht
föhle = fühlen
föihle = fühlen
Föit, die = Füsse
follement = verrückt
Foot, dä = Fuss
Fööt, die = Füße

Footeneng, dat = Fussende
Footeng, dat = Fussende
Footlappe, die = Fusslappen
Föppke, dat = Schnuller, Lutschbeutelchen
för = für
för lau = umsonst
Fösch, dä = Fisch
Föschelsche, die = Fischelner
Fott, die = Gesäß, Hintern
Fott nordraare = bedienen, unterwürfig bedienen
Föttschesfööler, dä = Freier
Franije, die = Fransen
frassele = sich abmühen, bewerkstelligen
Fratt, die = Warze
Fratze schnie-e = Kinderspiel
fre'e = freien
freäte = fressen, schlingen
Freätklötsch, dä = Vielfrass
Freätsack, dä = Vielfrass
frech wie Plack = ungehörig, böse
free = frei
Freeköörsch, dä = Schürzenjäger, Person auf Freiersfüssen
Freier, dä = Spinngewebe
frenge = wringen
Frengmasching, die = Wringmaschine
frese = frieren
Fretz, dä = Fritz, Friedrich

Fricko **Fusel**

Fricko, dat = Frikadelle, schrullige Frau
Frides, dä = Ferdinand
Friedach, dä = Freitag
Friedag, dä = Freitag
friedes = freitags
frieemele = zwirbeln, basteln
frieet = unempfindlich, wetterfest, zäh
fri-ewe = jemanden die Meinung sagen
Froch, die = Frucht
Fro-ech, die = Frage
Frog, die = Frage
Fröihjohr, dat = Frühjahr
Fröihmieeß, die = Frühmesse
Frollein, dat = Lehrerin
Frollüh, die = Frauen
Frollüht, dat = Frau
Frollütskrooem, dä = Frauensache
Frommisch, dat = Frau
frönd = befreundet
Frönd, dä = Freund
fröndlech = freundlich
Fröndschaff, die = Freundschaft
Frooech, die = Frage
frore = fragen
Früeß, dä = Frost
früestig = frostig
fruoh = froh
früsch = früh
Fuck, dä = Spassvogel
Fück, die = Spass, Freude

fuckackig = edelfaul, überreif
Fuckefänger, dä = einfallsreicher Gesellschafter, hinterlistiger Geselle
Füehle, dat = Fohlen
Füer, dat = Feuer
Fuhrmannsjeär, dä = herber Schnaps
fukackich = edelfaul
Fuksije, die = Fuchsien
Fulk, dä = Faulenzer, Arbeitsscheuer, Faulpelz
fulke = faulenzen, ausruhen, nichts tun
Fullek, dä = Handstütze
Fumm, die = gutbelegtes Butterbrot, dicke Frau
Fummel, dä = schäbiges Kleid
fummele = kramen, murksen, zärtlich betasten
Fummelei, die = Versuch
Fump, die = Mundharmonika
fumpe = Mundharmonika spielen
Fumpeständsche, dat = Konzert
Fuobes, dä = Schlauberger, komischer Mensch
Fuoß, dä = Fuchs, rothaariger Mensch, rothaariges Pferd
fure = füttern
für-et-Läppke-halde = auf den Arm nehmen
Fusel, dä = minderwertiger Schnaps

fuselig = faserig, ausgefranzt
Fuss, dä = Rothaariger
Fuss, die = Faust
fussig = rothaarig
Füsske, dat = Fäustchen, rothaariges Kind
futele = fuschen, täuschen, falschspielen
Fütings, dat = Heil- und Pflegeanstalt in Krefeld
futsch = verschwunden, weg

Fuuebes, dä = Spassmacher
fuul = faul
fuul Biees, dat = Arbeitsscheuer
Fuulhiiet, die = Faulheit
Fuulpelz, dä = Arbeitsscheuer
Fuur, die = Fuhre, Furche
Fuur, dat = Futter für Tiere, Futter in der Kleidung
Fuurz, dä = Furz, Verdauungsgeräusch
fuurze = einen Wind lassen

G

Gen, dat = Eugenie

Growatsch, dä = Singvogel

H

hä = er
Haam, dat = Pferdegeschirr
Haamer, dän = Hammer
Haanischkooerd, die = Kordel am Jacquardstuhl
Haas, dän = Hase
Haasepeäper, dän = Hasenpfeffer
Haaver, dän = Hafer
Haaverjört, die = Hafergrütze
häb = habe
häbbe = haben

Hack, dä = Schuhabsatz, Ferse
haggele = unordentlich
Hahnehölter, die = Hühnerleiter, Dachbalken
Häkelnold, die = Häkelnadel
Häkischkisch = Ausruf !
halde = halten
half = halb
Hälf, die = Hälfte
halfafjeknabbelt = halb abgegessen, abgenagt

Halfjahre

Halfjahre, dä = unfertiger Mensch
Halfjehang, dat = Schlacksiger
Hälfke, dat = Halber Liter, Halbliter
Halplätz, die = Webfehler
Halsdock, dat = Halstuch
halsüewerkopp = schleunigst, überstürzt
Halvjehang, dat = Ungeregelter, Schlacksiger
Hamel, dä = Hammer
hammer = haben wir
Hämmer, die = Gemüsebauern
Handock, dat = Handtuch
hange = hängen
Hank, die = Hand
Hanktäsch, die = Handtasche
Hannes, dä = Johannes
Hännes, dä = Johannes
Hänneske, dat = Spaßvogel
Hänsch, dän = Handschuh
Hänsches, die = Handschuhe
hant = haben, gehabt
hantiere = handhaben, umgehen, beschäftigen
harde Bäng = hindernisreich
Harel, dän = Hagel
Härk, die = Harke, böse Frau
hat = hatte
hätze = hetzen, beeilen
Hau, dän = Schlag, Macke
Häx, die = Hexe
Häxeschuot, dä = Hexenschuß

Hemmerknöppkes

he = hier
Heär, dän = Herr
Heävam, die = Hebamme
Heck, die = Hecke
Heckepeck, dä = Aufstossen, Schluckauf
Heckeschier, die = Heckenschere
hee = hier
heebliewe = hierbleiben
heel = heil
heelooete = hierlassen
Heem, dat = Heim
Heer, dän = Herr
Heerembur, dä = Grossbauer
heesiien = hiersein
Heff, die = Hefe
Heff, dat = Heft
hei = hätte
Hei, die = Heide
Heija, die = Wiege, Kinderbettchen, Schlafstatt
hellig = heilig
Hellije, die/dän = Heilige/r
Hellijebeldsche, dat = Heiligenbildchen
Hellijehüske, dat = Heiligenhäuschen, Gaststätte, Kneipe am Weg
hellruod = hellrot
helpe = helfen
Hemm, dat = Hemd
Hemmerknöppkes, die = Blume

Hemmsmaue, die = Hemdärmel, Manschette
Hemmsschlep, die = Hemdenzipfel
henge = hinten
Hengel, dän = Henkel
Hengelpöttche, dat = Henkeltöpfchen
hengenaan = hintenan
hengendrop = hintendrauf
hengenerav = hintenherunter
hengeneröm = hintenherum
hengenerüewer = hintenüber
hengenerut = hintenheraus
henger = hinter
Hengerbieen, dat = Hinterbein
Hengerbou, dän = Hinterbau, Flügel
Hengerdieel, dat = Hinterteil, Gesäß
hengere = hindern
Hengerhus, dat = Hinterhaus, Flügel
hengerröcks = hinterrücks, hinter dem Rücken
Hengerschte, dän = Hintern, Gesäss
Hengervierdel, dat = Hinterviertel, Gesäß
hengerweägs looete = vergessen, zurück lassen
henke = hinken
Henkelbot, dä = Kinderspiel
henkele = hinkeln

Henkelmann, dä = Eßgeschirr, Kochgeschirr
Henn, die = Henne
Hennefeär, die = Hühnerfeder
Hennefott, die = Hühnerhintern, Webfehler
Hennefreäse, dat = Gänsehaut
Hennehuort, die = Hühnerverschlag, Hühnerstall
Hennekläuke, dat = Hühnerfüßchen
Herm, dä = Hermann
Herring, dän = Hering
Herringsbändijer, dän = Scherzwort
Herringsküüt, die = Heringsrogen
Herringstonn, die = Heringsfass
Herrjottsbeäß, dat = das Beste
Herrlichkieet, die = Herrlichkeit
Herrlichkieet Krieewel, die = Herrlichkeit Krefeld
Hert, dat = Herz
Hervs, dän = Herbst
Hervshahn, dä = ältlicher Freier
hervslech = herbstlich
Hesse, die = Beine
Hessebengke, dat = Kniekehle, Unterschenkel
Hetz, die = Hitze, Hatz
hetze = hetzen, treiben
Hex, die = Hexe
Hieemel, dän = Himmel

Hieemelfahrtsnas, die = aufwärts gestülpte Nase
hieet = heiss
hieete = heissen
himbeersöit = himbeersüß
Himmel on Eärd = Kartoffelbrei und Apfelmus
hinkele = hüpfen
Hinkele, dat = Hinkelspiel, Hüpfspiel
Hinkelpank, dat = Spielfeld, Hinkelmal
Hinkelscherv, dat = Scherbe, Spielstein
Hipp, die = Ziege, Fröstelnde
Hirschkruonepief, die = Tabakpfeife
hisse = Fußball spielen
höersch = leise, ruhig
höerschkes = still
hoffärdig = hoffärtig, hochmütig
Hoffart, die = Eitelkeit, Hochmut
Höit, dat = Haut
holderdibolder = übereilt, flott, Hals über Kopf
Höll, die = Hölle
Hollänger, dä/dän = Holländer, Spielgerät, Niederländer
hollängsch = holländisch, niederländisch
Hölp, die = Hilfe
Hölpe, die = Hosenträger
holpere = holpern

Hölp-on-Brank-Kriet, dä = Hilferuf
Hölsche, die = Hülser
Holt, dat = Holz
hölter = hölzern
Holverkuh, die = Ungeschickte/r
Hommes, die = Hochamt, Hochmesse (11 Uhr-Messe)
Hömpelepömp, däm = Hinkender, Lahmer
Höng, die = Hunde
Honger, dän = Hunger
Hongerlie'er, dän = Hungerleider, Fastender, Armer
hongert = hundert
hongertdusend = hunderttausend
hongrig = hungrig
Hongsbei, die = Hundehütte
Hongsdaach, dä = Hundstag
Hongsfott, die = Knäuel von Seidenresten
Hongsfuur, dat = Hundefutter
Hongshött, die = Hundehütte
Hongskamelle, die = Pflanze
Hongskar, die = Hundekarre
Hongsnas, die = Hundenase
Honk, dän = Hund
hönkesmüsch = hundemüde
honksmüsch = hundemüde
Hooef, dän = Hof, Bauernhof, Toilette
Hooek, dän = Haken

hooel — Hüsskesdeckel

hooel = hohl
hooele = holen
Hooep, die = Hoffnung
hooepe = hoffen
Hoor, dat = Haar
hoorkleen = haarklein, genau
hoorklieen = haarklein
Hoot, dän = Hut
höppe = hüpfen
Hospes, dän = Hauswirt, Vermieter
Hospesfrau, die = Hausbesitzerin
Hoss, dän = Husten
Hosses ! = Ausruf der Verwunderung
Hosskock, dä = Lakritz
Hosskockswaater, dat = Lakritzlösung, Schaum
Hötche, dat = Hütchen
hott = Fuhrmannsruf: vorwärts, vorwärts
Höttche, dat = kleine Hütte, Ecke
hü = Fuhrmannsruf: halt, halt
Hub, dä = Hubert
Hubbel, dän = Hobel, kleine Erhöhung
hubbele = hobeln
Hubbelspöen, die = Hobelspäne
Hubeärt, dän = Hubert
Hübi, dä = Hubert
Huck, dä = Hugo
Hucke, die = Rückenpartie

Hückske, et = Kniebeuge, Hocke
Hückske, dat = kleiner Winkel, enger Platz
Hüeresare, dat = Hörensagen, Vermutung
Hüertsche, dat = Stellage, Bord, Ablage
Hufieser, dat = Hufeisen
Hüjel, dän = Hügel
Hüldopp, dän = Brummkreisel
Humm, die = Hummel
hummele = donnern
Hummelsweär, dat = Gewitter
Hummelsweärwolke, die = Gewitterwolken (Cumulusnimbus)
huoch = hoch
huochdütsch = hochdeutsch
Huop, dän = Haufen
huore Kant, die = hohe Kante, Rücklage, Sparbuch
Huort, die = Verschlag
Hupp, dän = Hubert
hüre = hören
huschele = tauschen, heimlich tun
Huschpott, dä = Kniewärmer
Hüßjee, dä = Gerichtsvollzieher
Hüsske, dat = Latrine, Toilette, kleines Haus
Hüsskesdeckel, dä = Toilettendeckel, Toilettensitz

Hüsskestapezierer, dä = Kleinlicher
Huste, die = Getreidegarben
Hüülbessem, dä = Staubsauger
hüüle = heulen
Huus, dat = Haus
Huuschlüetel, dän = Hauschlüssel
Huusfrau, die = Hausfrau
Huushäldersche, die = Wirtschafterin, Haushälterin
Huusmäddsche, dat = Hausmädchen
Huusmannskooeß, die = einfaches Essen
Huusmeddele, die = Hausmittel
Huusnam, dä = Familienname
Huusnieersche, die = Hausnäherin
Huuspitter, dä = Stubenhocker
Huusschandärm, dä = Ehefrau
Huusseäje, dän = Haussegen
Huuswief, dat = Hausfrau
Huut, die = Haut

I

i'enfällij = alleinstehend
Ichmänneke, dat = Eigensüchtiger
Idotz, dä = Erstklässler
I-Dötzke, dat = Erstklässler
ieeje = eigen
Ieek, die = Eiche
Ieekebuom, dän = Eichenbaum
Ieekeholt, dat = Eichenholz
ieen = ein, einer, eins
Ieendropp, Maria = Maria Heimsuchung
ieene = einer
Ieet, dän = Eduard
Iefer, dän = Eifer
Iehr, die = Ehre
iehr = eher, früher
iehrlech = ehrlich
I-ekkatz, die = Eichkatze
ielig = eilig
Iesbieen, dat = Eisbein
Ieser, dat = Eisen
Ieserbahn, die = Eisenbahn
I-et, dä = Eduard
I-ev, die = Eva
Iiene, dä = Einer
Iiet, dä = Eduard
Iis, dat = Eis
Iisblom, die = Eisblume
Iishellije, dän = Eisheiliger
iiskalt = eiskalt
ija = ja

Ijel, dän = Igel
I-Kätzke, dat = Weidenknospe
Imi, dä = Imitierter
Immi, dä = Imitierter
in de Wüer = im Werden
Injenör, dän = Ingenieur
Inschenör, dä = Ingenieur
Ipp, dä = besondere Murmel
Ipp möt Schaares = Murmelspielart
I-Pünkske, dat = Punkt auf dem I

irde = irden
irde Mutz, die = Tonpfeife
Irm, dat = Irmgard
Irschde, dä = Erster
irschde Plöck, dä = erste Ernte, junges Blut
is wat? = ist was?
isse? = ist er?
Issel, dän = Eisregen
issele = eisregnen
Ivv, die/dat = Eva

J

ja jemaak = ja gewiss
jaape = gähnen, gaffen
Jaapmüllekes, die = Löwenmäulchen
jaar = gar
Jaard, dä = Garten
Jaardehüske, dat = Gartenhäuschen, Gartenlaube
Jaardepörtsche, dat = Gartentörchen
Jaare, dat = Garn
jaare = jagen
Jaas, die = Gans
Jaaslantär, die = Gaslaterne
Jaaß, dä = Gast
Jach, die = Jagd
Jack, dat = Jacke

Jaffel, die = Gabel
Jag, die = Jagd
Jahre, dat = Garn
Jährrörke, dat = Aufsatz zum Gären
jakinn = gar keine
Jall, die = Galle
jälle = kaufen, einkaufen
Jaloppschnieder, dä = Schneider, fleissiger Schneider
Jan, dä = Johann
Jang, dä = Gang
jäng = zu gange
Jänger, dän = Schürzenjäger
jangk, op = in Bewegung
jank = geh
Janze, dat = Ganzes

Jaquard   **Jedröcks**

Jaquard, dä = Webstuhl
Jar, die = Menge
jar = gar
jar net = gar nicht
Jardenier, dä = Gartenbesitzer
Jardinepreddich, die = Gardinenpredigt, Strafrede
Jarding, die = Gardine
jarschtisch = schlimm, arg
Jass, dat = Gas
Jasslantär, die = Gaslaterne
Jatz, die = Gasse
jau = flott, schnell
Je länger je lieewer, dat = Geissblatt
jeäje = gegen
Jeäjend, die = Gegend
Jeäjendieel, dat = Gegenteil
jeäl = gelb
jeär = gern
Jeärrieke, dä = Angeber, Aufschneider
Jeärsch, die = Gerste
Jeärsch möt Pruume = Gerstenbrei mit Dörrpflaumen
Jeäs, die = Gäste
jeäwe = geben
jebaarscht = jeborsten, jesprungen
jebatt = genützt
Jebett, dat = Gebet
Jebettbock, dat = Gebetbuch
jeblömt = geblümt
jeblooese = geblasen
jeboore = geboren
Jebou, dat = Gebäude
jebout = gebaut
jebrasselt = gearbeitet, aufgemotzt
jebreit = gebracht
jebrooene = gebraten
jebruke = gebrauchen
jebubbelt = geschwätzt
jebuselt = gebummelt
Jebuurtsdach, dä = Geburtstag
Jebuurtsdag, dä = Geburtstag
Jech, die = Gicht
jeck = närrisch
Jeck, dä = Narr
jeck Jeschirr, dat = Schimpfwort
jecke Ditz, dän = Verrückter
jecke Willem, dän = Krefelder Original
jedder = jeder
jedderieene = jedereiner
jedeit = gedacht
Jedold, die = Geduld
jedöldig = geduldig
Jedönnsroat, dän = Umstandskrämer
Jedöns, dat = unnötiges Getue
Jedönsroat, dä = Umstandskrämer
jedoot = getaugt
jedöpt = getauft, ausgepult
jedrare = getragen
Jedröcks, dat = Gedrucktes

jedrömmt = geträumt
jedrömt = geträumt
jedronke = getrunken
jedrücht = getrocknet
jedubbelt = zerteilt, kleinkariert
jedüescht = getaugt
jedüürt = gedauert
Jeesch, die = Gicht
jeeslich = geistlich
Jeet, die = Spulrad
jefalle = gefallen
Jeff, dat = Gift
jeffjröin = giftgrün
jefispelt = getuschelt, geflüstert
jeflaart = geklatscht, geschwätzt
jeflappt = kindisch, albern
jeflitzt = schnell fortbewegt
jeföhrlech = gefährlich
Jeföil, dat = Gefühl
jefrasselt = genestelt
jefummelt = geknautscht, befühlt
jefuurzt = gefurzt, einen Wind gelassen
Jehacks, dat = Gehacktes
jehüert = gehört
jehürech = gehörig
jejeäte = gegessen
jejeäwe = gegeben
jejolle = gekauft
Jejrusels, dat = Gegrusel, Unheimliches
jeklappt = gelungen
jekläut = geklaut, gestohlen

jeklüert = gefärbt
jeknätscht = untereinander gemischt, gestampft
jeknötscht = geknautscht
jekohrt = probiert, erprobt
jekoot = gekauft
jekraut = viel bewegt, heftig gezecht
jekuueme = gekommen
Jeländer, dat = Geländer
Jelängerjelieewer, dat = Geißblatt
Jeld, dat = Geld
jelde = kaufen
jeleäje = gelegen
Jeleäjenhieet, die = Gelegenheit, Schnäppchen
jelenkig = beweglich
jelennt = geliehen
jeliehrt = gelehrt, gelernt
jelle = kaufen
jelonge = gelungen, seltsam
jeloore = gelogen
jemaak = nur ruhig, ist ja gut, gewiß doch
jemäckelich = gemütlich
jemäklech = gemütlich
jemeäte = gemessen
jemeen = gemein
jemmes = jemand
Jemöis, dat = Gemüse
Jemöiskant, die = ländliches Gebiet
jenau = genau

jenäukes = genau
jepängt = gepfändet
jeploot = gepflückt
jepott = gepflanzt
Jere-i, dat = Gereihe
jerejelt = geregelt, arg, heftig
Jerred, dä = Gerhard
Jerschtekoor, dat = Gerstenkorn
jeschadt = geschadet
Jeschäff, dat = Geschäft, Verdauung
jeschammt = geschämt
jeschart = zusammen gekratzt
jescheet = gescheit
jeschellt = geklingelt
Jeschirr, dat = Geschirr
jeschlare = geschlagen
jeschlieepe = geschliffen, getrunken
Jeschlöns, dat = Eingeweide
jeschmeärt = geschmiert
jeschnibbelt = in Stücke geschnitten
jeschnobbelt = erschlichen, abgestaubt
jeschnöppt = genascht
jeschonge = geschimpft
jeschooete häbbe = geglückt sein
jeschörscht = mit der Schubkarre gefahren
jeschrieewe = geschrieben
jeschuurt krieje = verprügelt werden
jeschwieeje = geschwiegen
jeseäjent = gesegnet
jeseäte = gesessen
Jesell, dä = Geselle, Helfer
Jesieech, dat = Gesicht
Jesocks, dat = Pack, Gesindel
Jesöems, dat = Sämerei, Pflanzgut
Jesöff, dat = minderwertiges Getränk
jesonge = gesungen
jesonk = gesund
Jesonkhieet, die = Gesundheit
jesooepe = gesoffen
jesoot = gesucht
jesplieete = gesplissen, gespalten
jespöilt = gespült
jespöit = gespuckt
jespölt = gespült
jespoult = gespult
Jestell, dat = Gestell
jestonke = gestunken
jestooeke = gestochen
jestovt = gedämpft, geschmort, angekocht
jestrippt = gestreift
jestrizzt = gestohlen
jeströppt = in der Schlinge gefangen, herum gewildert
Jestuckde, dä = Schimpfwort
jestuckt = beschnitten, gekürzt, klein gehalten
jestufft = gestampft
jet = etwas, ein wenig

jetachelt	**jlöcke**

jetachelt = geschlagen
jetijert = getrabt
jetirmt = bestimmt
jetrocke = gezogen
jetrout = geheiratet
Jettche, dat = Henriette
jetuppt = getupft
jetüscht = zurechtgewiesen
jewaaße = gewachsen
jewähnd = gewohnt
Jewähnnde, die = Gewohnheit
jewahr = erfahren
jewahr werde = erfahren
jewahrschaut = gewarnt
jeweäne = gewöhnen
Jeweet, dat = Gewicht
jewerde = etwas unterlassen
jewerde looete = in Ruhe lassen
jewess = gewiss
Jewesse, dat = Gewissen
jewitt = geweißt
jewuoß = gewußt
Jezubbels, dat = in Fetzen und Fransen herumhängend, Herumhängendes
Jieef, dä = Zorn, Missgunst
jieeht et? = geht es?
jieemes = jemand
Jieet, die = Ziege, Spulrad
Jieetejockei, dä = kleiner Reiter
Jieetelooek, dat = Ziegenweide (auch Ortsangabe)
Jieewel, dä = Giebel
Ji-ewel, dä = Giebel

jilg = ranzig
Jilles, dän = Ägidius
jing = ging
Jippshellije, dä = Gipsheiliger, Schimpfwort
Jirred, dän = Gerhard, Gerd
jister = gestern
Jitsch, die = Gerte, Feuerwehrspritze, Wasserguss
jitsche = giessen, etwas gehen lassen
Jitschkann, die = Gießkanne
Jitschkanonn, die = Sprengwagen
Jitschmörmel, dä = Glaskugel als Flaschenverschluss, dünner Mensch
Jitta, die = Zupfgeige, Gitarre
Jitzhals, dä = Geiziger, Geizkragen
jitzig = geizig
Jlas, dat = Glas
Jlasbierjeschäff, dat = Gaststätte, Kiosk
jlasere Bottram, die = flache Schnapsflasche, Taschen-Schnapsflasche
Jlaserekaas, dä = Gläserschrank, Vitrine
jlicke = sogleich, alsbald, nachher
Jlock, die = Glocke
Jlöck, dat = Glück
jlöcke = gelingen

jlöcksellig   jraasjröin

jlöcksellig = glückselig
Jlöckske, dat = Glöckchen
jlöinig = glühend
jlüewe = glauben
jöcke = eilen
Jodd, dä = Gott
Jödd, dä = Jude
Jöddescholl, die = Judenschule, laute Gesellschaft
Joddeslämpke, dat = Leuchtkäfer
Joddesluohn, dä = Gotteslohn
Joddessuohn, dä = Gottessohn
Jo-e, die = Gute
Jöeletant, die = Patenttante
Jöem, dän = Heisshunger, Verlangen, Gier
Jöeschtetant, die = Patenttante
Joffer, die = Jungfrau, Unverheiratete
Jöfferke, dat = Unverheiratete, altes Mädchen
Jöfferkes, die = Pflanze
jöfft = gibt
Johannesbruot, dat = Schote des Johannesbrotbaumes, Johannesbrotbaumfrucht
Johr, dat = Jahr
Johrestiet, die = Jahreszeit
Jold, dat = Gold
Joldwooech, die = Goldwaage
Joldwoog, die = Goldwaage
Jolffu'eß, dat = goldenes 20-Mark-Stück

jömmes = jemand
Jonda, die = Adelgunde
Jong, dä = Junge
jong = jung
Jonges, die = Jungen
Jongesfüüt, die = Mädchen, das Jungen nachläuft
Jongsieen, dat = Jugend, Jungsein
jonk Leet, dat = junges Licht, Neumond
jönn Sie = jenseits, gegenüber, gegenüberliegende Seite
jönne = gönnen
jooe = ja
Joo-e, die = Gute
jooehn = gehen
Jööm, dä = Verlangen, Gier
jööme = schmachten, gieren
jöömere = schmachten, verlangen
joot Frönd = gut befreundet
Jört, die = Grütze
Jörtpapp, die = Gerstensuppe
Jots, dat = Gutes
jott = geht!
Jott, dä = Gott
Jotthelpmech, dä = dicker Hammer
jottjefällig = gottgefällig
Jottseimärssi! = Ausruf
Jraas, dat = Gras
jraase = klatschen
jraasjröin = grasgrün

Jraaskuus — jruot Jedöns

Jraaskuus, dä = Grasbüchel
Jraav, dat = Grab
jrad = gerade, soeben
Jrades, dä = Gerhard
jraduut = geradeaus
Jraduutkapp, die = Mütze, Kappe mit vorstehendem Schirm
Jranije, die = Geranien
Jranium, dä = Geranie
jranke = weinerlich bitten
jrase = nörgeln
Jraspott, dä = Nörgler
jratsche = ungelenk hantieren
Jratschpüet, die = grosse Füße
jrattsche = zappeln, ungeschickt hantieren
Jrattschkuh, die = Ungeschickte/r, tölpelhafter Mensch
jräue = nachdenken
Jreffel, dä = Griffel, Schieferstift
Jreffelbüeß, die = Griffelbüchse, Griffeletui
Jrell, dä = Zorn, Wut
Jretche, dat = Margarethe
Jrett, dat = Gretchen
Jrettsche, dat = Gretchen
Jrieerde, dat = Grefrath (Ortsbezeichnung)
Jrieeve, die = Grieben
Jrienbröttsche, dat = Weinerlicher
jriene = weinen

jriepe = greifen
Jriepspooen, dä = Zupackender, Zugreifender
jries = grau
Jriese, dä effe = einfacher weisser Schnaps, Korn
jriese Jieeht, die = graue Ziege, ältere Frau
jriese Jronk, dä = graue Erde
Jrieß, dä = Nebel
Jrillagetaat, die = Kuchen
Jrips, dä = Verstand
Jrisselsküüte, die = Fischrogen
jröin = grün
jröin Jemöis, dat = junge Menschen, unreifes Volk
Jronkiis, dat = Grundeis, Angst
jrooev = grob
Jrosche, dä = Groschen, Zehn-Pfennig-Stück
Jrosches wessele = andere Meinung beibringen
jrötter = grösser
Jrüemel, dä = Krümel, Kleinigkeit, Krume
Jrüemels, die = Bargeld, Kleingeld
jrüesele = grinsen, lächeln
Jrünt-en-de-Zupps-Tiet, die = Mittagessenszeit
Jruoß, die = Grossmutter, Oma
jruot = groß
jruot Jedöns = Aufregung um nichts

Jruotschnuut, die = Grossmaul, Prahler
Jubbel, dä = Suppe aus Vortagsresten, Vortagsreste
Jubbelezupp, die = zur Suppe verlängerter Eintopf, Untereinandergekochtes
Jüek, dä = Juckreiz, Hautjucken
Jüem, dä = Gier, Heisshunger, Verlangen
jüeme = schmachten, gieren
juemere = schmachten
Jull, dä = Julius
Jupp, dä = Josef
Juss, dä = August
jüss = jetzt, eben, just
jüstement = im Augenblick, augenblicklich
Jux, dä = Fröhlichkeit, Freude, Spaß

K

Kaaf, dä = Spreu, Spelze
kaakele = gackern
kaal Hipp, die = Kältempfindliche
Kaamer, die = Kammer, Zimmer
Kaamerfenster, dat = Schlafzimmerfenster
Kaamerpott, dä = Nachtgeschirr
Kaamerschlüetel, dä = Zimmerschlüssel
Kaarestiepe, die = Eiszapfen
Kaart, die = Karte für den Jaquardwebstuhl
Kaart, die = Karte
Kaarte, die = Spielkarten
kaarte = kartenspielen
Kaarte spieele = Kartenspielen
Kaartenold, die = Kartennadel
Kaarteschleäjer, dä = Kartenschläger
Kaas, dä = Schrank, Kasten
Kabäuzke, dat = Verschlag, kleine Kammer
käbbele = wortfechten, streiten, zanken
Käbbelee, die = Streiterei
Kabüffke, dat = kleines Gelass, enger Raum, Verschlag
käckbruun = braun
käcke = kacken
kackfröndlech = übertrieben freundlich
käckjeäl = fies gelb
Kackstohl, dä = Toilettenstuhl, Kinderstuhl
Kadangs, die = ängstlicher Respekt, Hochachtung

käffe = schimpfen, streiten, zanken
Kajeärbetrieb, dä = Reisebetrieb
kajeäre = eilen
kajere = galoppieren, sich beeilen
kajitze = flitzen
Kalabreser, dä = breitkrempiger Hut
kalde Scholder = abweisend sein, Abneigung
Kalfakter, dä = Kalfaktor
Kaling, die = bauchige Kaffeekanne
Kall, dä = Gerede, Geschwätz
Kall, die = Dachrinne, Regenrinne, Traufe
kalle = reden, sprechen
Kalling = Kinderspiel
Kält, die = Kälte
Kalv, dat = Kalb
kalvere = balgen
Kamelle, die = Kamille
Kamelle, die = Rahmbonbon, Süssigkeit
Kamelletiee, dä = Kamillentee
Kamerooed, dä = Kamerad, Gefährte
Kamisoel, dat = Unterjacke mit Ärmel, gestricktes Hemd
kamisooele = prügeln
Kamiss, dä = Militär, Soldaten

Kamm, dä = Weberkamm (Teil des Webstuhls)
Kammaschin, die = Kammmaschine
Kammasching, die = Apparat zur Bewegung der Kammflügel
kämme = kämmen
Kammuod, die = Kommode, Waschtisch
kamuod = bequem
Kanalijevurel, dä = Kanarienvogel
Kanapee, dat = Sofa, Ruhebett
Kanarieevurel, dä = Kanarienvogel
Kanieel, dä = Zimt, Kaneel, Gewürz
Kann, die = Kanne
Kannapee, dat = Sofa
Känneke, dat = Kännchen
Kantebömke, dat = Nebenkettbaum, frisch gezapftes Bier
Kantur, dat = Büro, Kontor
Kantuur, dat = Büro
Kanz, die = Chance
kapaaftig = umwerfend, zupackend, plötzlich
Kapaaftig, dä = scharfer Schnaps
Kapell, die = Kirchenraum, Musikkapelle, Orchester

Kapettwuorsch — Katzeliem

Kapettwuorsch, die = harte Wurst, Plockwurst
kapiere = verstehen
Kaplonsjemöit, dat = Gutmütigkeit
Kaplonsjemööt, dat = geduldige Geisteshaltung
Kaplooen, dä = Kaplan, Hilfsgeistlicher
kapott = kaputt, entzwei, beschädigt
Kapotthoot, dä = Frauenhut
Kapotthötche, dat = randloser Frauenhut
Kapp, die = Mütze
Kappemball, dä = Kinderspiel, Mützenspiel
Kappes, dä = Weisskohl
Kappesdöppe, dat = Steingutgefäß, Einmachfaß
Kappeskopp, dä = Schimpfwort
Kappesschav, die = Kohlhobel, Hobel für Gemüse
Kappestonn, die = Sauerkrautfaß
Kappestonnestieen, dä = Schußstein für die Sauerkrauttonne
Kar, die = Karre
Karbenaat, die = Schweinebraten, Braten
Karfriedag, dä = Karfreitag
Karling, die = Karoline
Karmenad, dat = Kotelett, mageres Rippenstück
Karresant, dä = Liebhaber, Verehrer, Freier
karressiere = freien, poussieren, flirten
Karsell, die = Karussel
Karsellepeärd, dat = Karusselpferd, dickleibiger Mensch
karsellig = rundlich
Karuod, die = Karotte, rote Beete
Karweäk, die = Karwoche
Kaschott, dat = Gefängniszelle
Kaschtei, die = Kastanie
Kaschteiebuom, dä = Kastanienbaum
Kaskenade, die = aufgetakelte Kleidung
Kaskenademaaker, dä = Übertreiber
Kass, die = Kasse
Kastemänneke, dat = Geldstück
Kastroll, die = Kasserolle, Brat- und Schmortopf
Kattring, die = Katharina
Kattuun, dä = dünner Baumwollstoff
Katz, die = Katze
Katzekläuke, dat = Katzenpfötchen
Katzeliem, dä = Sirup

Kau **kieke**

Kau, die = Vogelkäfig, enger Raum, Bett
käuere = erzählen
Kaut, die = Kante
Kaventsmann, dä = kräftiger Mensch, gewichtiger Gegenstand
kaviere = bürgen, garantieren, verbürgen
kawiere = für etwas einstehen
Kawuppdich, dä = Schwung
Kawupptich, dä = Temperament, Beweglichkeit
Keär, dä = Kern
Keärebuohn, die = Kernbohne
Keärl, dä = Kerl
Keärz, die = Kerze
Keäske, dat = Kästchen
Keätel, dä = Kessel
Keätelstieen, dä = Kieselstein
Keävele, dat = Kevelaer (Ortsbezeichnung)
Keäwele = Kevelaer (Ort)
Keckert, dä = Frosch, Laubfrosch
Kei, die = Nörglerin
kei'e = quengeln, weinen, laut sprechen
Keifott, die = Nörglerin, Plappermaul
Kejel, dä = Kegel
kejele = kegeln, hinfallen
Kejelooewend, dä = Kegelabend
Kenger, die = Kinder

Kenk, dat = Kind
Kenkduop, die = Kindtaufe, Taufe
Kenkesfrau, die = Hebamme
kenne = kennen
Kennes, dä = Bekannter, Kenntnis
Kerv, die = Kerbe
Ketsch, die = Kerbe, Kerngehäuse
Kett, die = Webkette, Kette, Beschäftigung
Kettärm, dä = Kettarm am Webstuhl
Kettbuom, dä = Kettbaum am Webstuhl
Kettefähm, die = Kettfäden
Kettekarsell, die = Kettenkarussel, Karussel
Ketteschlaat, dä = Löwenzahn
kettsche = treffen beim Murmelspiel, einbeulen
Kieel, dä = Kittel
Kieel, die = Kehle
Kieersch, die = Kirsche
Kieerschekock, dä = Kirchkuchen
Kiees, dä = Käse
Kiesremmel, dä = grosses Käsemesser, großes Stück Käse
kieetele = kitzeln
Kiehr, die = Kehre, Mal
kieke = gucken, sehen

Kiekverhältnis — kleäve

Kiekverhältnis, dat = Liebschaft aus der Ferne, platonische Liebe
kimme = fussballspielen
kinn = kein, keine
Kipp, die = Zigrettenkippe, Müllkippe
kippe = kippen, Spitze abschlagen
Kirk, die = Kirche
Kirkemuus, die = Kirchenmaus, eifrige Kirchgängerin
Kirkemuuskaplo-en, dä = Hilfsgeistlicher
Kirkhoff, dä = Kirchhof, Friedhof
Kirmestermöll, dä = Kirmesauseinandersetzung
kische = hetzen, jagen
Kiss, dä = Kies, grober Sand
Kiss, die = Kiste, Sarg
Kisskull, die = Kiesgrube
Kitsch, die = Kerngehäuse
kiwde = kaufte
klaaterig = mässig, kläglich
klabastere = tollpatschiges Klettern oder Laufen
Kladderadaatsch, dä = Ereignis, Ausruf (beim Fall eines Gegenstandes)
Klamau, dä = Klamauk
klamm = feucht-kalt, angefeuchtet
klamüsere = tüfteln

Klander, dä = Steifglanz
Klanett, die = Klarinette
Klant, dä = Strassenjunge
Klapei, die = Klatschbase, Petzer
klapeie = anschwärzen, verraten
Klapp, die = Mund
Kläpp, die = Hosenschlitz
klappere = klappern
Klappertüüt, dä = Panhas
klare = klagen
klaterig = kläglich
Klätsch, dä = Klacks, kleiner Rest
Klätsch-Kooplüh, die = kleine Kaufleute, Unbedeutende
Klatschmooen, dä = Mohn
klätschnaat = sehr nass, triefnass
klätschnaate Seäß, die = nasse Haarsträhne
Klätschöigske, dat = blaues Auge
Klatt, die = Rest, Neige, geringe Menge
Kläu, dä = Dieb
kläue = stehlen, wegnehmen, klauen
Kläuke, dat = kleine Hand, Nachschlüssel
Kle'erbüersch, die = Kleiderbürste
Kle'erbüjel, dä = Kleiderbügel
Kleävbüll, dä = Dauergast
kleäve = kleben

kleäverisch = klebrig
Kleävploster, dat = Dauergast, Klebpflaster
kleck kleck = Ausruf beim Suchspiel
Kleckkleck-do-bös = Spielruf
Kle-er, die = Kleider
Klei Schorsch = Krefelder Original
klemme = klemmen
klenge = klingen
Klengelbüll, dä = Klingelbeutel
Klengerbüll, dä = Opferkörbchen, Klingelbeutel, Kollektierkörbchen
Klenk, die = Türklinke, Klinke
Kletsch, dä = geringer Rest
Klett, die = Klette, anhänglicher Mensch
Klieed, dat = Kleid
klieen = klein
Kliester, dä = Kleister
klöchtich = seltsam
klöchtig = sonderlich, seltsam
Klock, die = Glocke, Uhr mit Schlagwerk
klock = klug
Klockebaas, dä = Uhrmacher
klockem Buck, dä = Klugheit, Bauernschläue
Klockhieet, die = Klugheit
Klöffke, dat = Dietrich, Nachschlüssel
klömme = klettern
Klömmoppe, die = Kapuzinerkresse
Klomp, dä = Holzschuh
Klompebaas, dä = Holzschuhmacher
Klooes, dä = Sankt Nikolaus, Klaus
Klooeskeärl, dä = Weckmann
Klöpp, die = Prügel
kloppe = klopfen, streiten, verhauen
Klöpper, dä = Teppichklopfer
klor = klar
Klore, dä = klarer Schnaps, einfacher Korn
Kloster, dat = Kloster
Klotzkopp, dä = Schimpfwort
Kluck, die = Glucke, Bruthenne, besorgte Frau
Kluoster, dat = Kloster
Kluot, dä = seltsamer Mensch, Nichtskönner, Stümper
Kluotereei, die = Stümperei
Kluotsack, dä = Stümper
Klür, die = Farbe
klüre = färben
Klüth, dän = Lehmklumpen
Klütte, die = Briketts
kluttsche = kullern
Kluut, dä = Klumpen, Lehmklumpen, Kopf
Knaabes, dä = Kopf
Knaatsch, die = Nörglerin
Knaatsch, dä = Zwist, Streit

Knaatschdöppe — Knooese

Knaatschdöppe, dat = Rundfunkgerät
knaatsche = greinen, weinen, quengeln
Knaatschfott, die = Meckerer
Knaatschpitter, dä = missmutiger Mensch, Nörgler
Knaatschpott, dä = Nörgler
Knabbel, dä = dickes Stück
knabbele = nagen, knabbern
knäbbele = zanken
knacke = knacken
Knallbox, die = Hose, Knickerbocker
Knalleärt, die = Knallerbse
Knaster, dä = schwerer Pfeifentabak
knatschdoll = verrückt, übergeschnappt
knätsche = laut kauen
knatschjeäl = zitronengelb
knattsch = ganz und gar
knattsche = geräuschvoll kauen
knättschig = klebrig
Kneck, dä = Nacken, Genick
Kneckstieewel, dä = unangenehmer Mensch
Kneit, dä = Knecht
kneppse = fotografieren
knettsche = zerbeissen, zerkauen
knibbele = blinzeln, pörkeln, zupfen
Knicker, dä = Murmel

Knickerdümmke, dat = Däumchen, Stehaufmännchen, Kleinkind
Knied, die = Kreide
Knien, dat = Kaninchen
Kniep, dä = Falte
kniepe = kneifen
kniepuut = ausreissen
Knies, dä = Uneinigkeit, Streit, Auseinandersetzung
Kniesbüll, dä = Streitsüchtiger
Kniesterfiester, dä = Meckerer, Zweifler, Nörgler
Kniet, die = Kreide
knietewitt = kreideweiß
Kningkespuuet, dä = Kaninchenfuß
Kningsstall, dä = Kaninchenstall
Knippfälleke, dat = Mausefalle
Knippfällekesmontör, dä = Bastler, Fummler
Knipptang, die = Kneifzange, Schwiegermutter
Knöek, die = Knocken
Knoffluok, dä = Knoblauch
knöll = betrunken
Knölles, dä = Kopf
Knöngel, dä = Verwirrtes, Verhältnis, Bündel
knöngelech = unordentlich, unsauber
Knöngels, die = Fadenreste
Knooek, dä = Knochen
Knooese, die = Stechmücken

Knopp · Kompiersch

Knopp, dä = Knopf
Knöppel, dä = Knüppel
Knös, dä = Dreck, Rest, klebriger Schmutz
Knöspitter, dä = Ungepflegter
Knötsch, dä = Falte, Kniff
knötsche = quetschen, knittern
knottere = in den Bart brummen
knöttere = beschweren, meckern
Knötterpott, dä = Unzufriedener
Knubbel, dä = Beule, Verdickung, großes Stück
knubbele = überhäufen, liebkosen
Knubbelswolke, die = Haufenwolken (Cumulus)
Knubs, dä = Stubs, Stoss
Knüdelkespapp, die = Mehl-Milchsuppe
Knüerke, dat = Essgeschirr, Essensträger, Henkelmann
Knüerzke, dat = Rest, Kleinigkeit, Zipfel
Knuop, dä = Knopf
knuore = knurren, meckern
Knuorpitter, dä = Meckerer
Knuorsch, dä = Knorpel
Knüppke, dat = Zuckerstückchen, Würfelzucker
Knur, dä = Essensträger, Henkelmann, Essgeschirr
Knüselspitter, dä = Ungepflegter

Knuursch, dä = Knorpel
Köckskespann, die = Kuchenpfanne
Köersch, die = Kruste, Endstück
Ko-eßhuusfrau, die = Pensionswirtin
köhl = kühl
Kohldamp, dä = Hunger
Köi, dä = Tratsch, Unwesentliches
köi'e = kauen
Köis, die = Mulde beim Murmelspiel
Köksch, die = Köchin
Kolörfärver, dä = Buntfärber
Kölscher, dä = Windvogel
Komföörke, dat = Nachtstuhl, Krankenstuhl
Komfürke, dat = Stövchen
Komiss, dä = Militär
Kommdöck, dat = Leckrigkeit, Süßigkeit, Lieblingsspeise
kommens = komm einmal
kommerschen = besorgen
Kommi, dä = Gehilfe, Büroangestellter
Kommkommere, die = Gurken
kommuod = bequem
Kommuod, die = Kommode
Komp, dä = Schüssel
Kompenee, die = Gesellschaft, Begleitung
Kompieersche, die = Patentante
Kompiersch, die = Patin

Kompläsangs, die = gute Lebensart, Haltung
Konjäckske, dat = Weinbrand
Konn, dä = Konrad
Könnich, dä = König
Konseärt, dat = Konzert
Kont, die = Gesäss, Hintern
kontent = zufrieden
Kontewitteböckske, dat = kleines Notizbuch
Kontur, dat = Büro, Kontor
Konz, die = Kunst
Konzstöck, dat = Kunststück
Kooehl, dä = Kohle
Kooehlback, dä = Kohlenkasten
kooeke = kochen
Kooekpott, dä = Kochtopf
Kooekwäsch, die = Kochwäsche
kooelraweschwatt = kohlrabenschwarz
kooem = kam
Kooerd, die = Kordel
Kooere, dat = Korn, Getreide
Kooeß, die = Kost
Kooeßjänger, dä = Kostgänger, Pensionsgast
Koor, die = Kostprobe
koore = probieren
Koorstöck, dat = Probierstück, besonderes Fleisch
Kooße, die = Halbstrümpfe, Strümpfe, Socken
Kopp, dä = Kopf
Köpper, dä = Kopfsprung

Kopping, die = Kopfschmerzen
Koppke, dat = Tasse ohne Henkel
Koppschlaat, dä = Kopfsalat
koppüewer = kopfüber
Körmel, dän = Durcheinander, Unaufgeräumtes
kört = kurz
Körtfur, dat = Kurzfutter, Schnaps in kurzen Gläsern, konzentrierte Nahrung
Körv, dä = Korb
Kösse, dat = Kissen
Koteknöckske, dat = Hammelknochen
Kotespeel, dat = Kinderspiel
Kousse, die = Socken, Strümpfe
Kraakeböerschkes, die = kleine Kartoffeln, neue Kartoffeln
krakeele = zanken, lärmen, streiten
Krakeler, dä = Krachmacher, Radaubruder, Streitsüchtiger
krallich = keck, zupackend
krallig = leuchtend, keck
Kramp, dä = Krampf
Kramp, die = Krampe, Öse
krampfe = stehlen
Krämpke, dat = Haken, Öse
kranges = kehrseitig
kranken Eärpel, dän = anfälliger Mensch
Kränzke, dat = Kränzchen, Spielkreis, Kaffeegesellschaft

Krare

Krare, dä = Kragen
Krareknuop, dä = Kragenknopf
krau'e = übertreiben, übermäßig sein, verschwenderisch sein
Kreech, dä = Krieg
Krei, die = Krähe
krejel = rüstig, agil, munter
Kremmelsteärt, dä = Unruhiger
Krempel, dä = Plunder, unbrauchbares Zeug
Krent, die = Korinthe, Mund-Ausschlag
Krentebröttche, dat = Korinthenbrötchen, Rosinenbrötchen
Krentebröttsche, dat = Rosinenstüttchen
Krentekäcker, dä = Kleinigkeitskrämer
Krenteweck, dä = Rosinenweißbrot
Krepp, die = Krippe
kribbele = kribbeln, jucken
Kriees, dä = Christian
Krieesch, dä = Schrei, Aufschrei
krieeschruet = schreiend rot
Krieewel, dat = Krefeld
krieewelsch = krefeldig
Krieewelsche, die = Krefelder
krieje = bekommen
Kries, dä = Kreis
kriete = kreischen, schreien
Krimi, dä = Kriminalstück
krimt tusame = schrumpft

krüesele

Krintekecker, dä = Kritikaster, Nörgler, Unzufriedener
Kröck, die = Krücke
Kröem, die = Buden, Stände, Gedärme
Krök, die = Krücke
Krolle, die = Locken
Krollekopp, dä = Lockenkopf
Krömke, dat = Hausstand, Hab und Gut
kromm = krumm
Krooem, dä = Kram, Gerümpel, Trödel
krooeme = kramen
Krooenekraane, die = Kraniche
Krooes, dä = Durcheinander, Abfall
krooese = hantieren, herumsuchen, aufsuchen
Krooespitter, dä = Sammler
Krooesschublad, die = Sammelschublade
Krooestreck, die = Sammelschublade
Kroppschlaat, dä = Kopfsalat
Kroppzeug, dat = Ausgestoßene, Gesindel, Überflüssiges
Krötsche rühr mech net aan, dat = Mimose
Krott, dä = Knirps, kleines Kind
Krüepel, dä = Krüppel, Behinderter
krüesele = kräuseln

Kruon, die = Krone
Krütz, dat = Kreuz, Rücken
Krützpoort, die = Scheunentor im Westbezirk
Krützweäg, dä = Kreuzweg
krützwies = kreuzweise
kruue = jäten
kruupe = kriechen
kruus = kraus
Kruut, dat = Kraut, Brotaufstrich
Kruutnäjel, die = Gewürznelken
Kruutpaarsch, die = Krautpresse, Saftpresse
Kruutpaasch, dä = Obstpresse, Safthersteller
Kruutwöösch, dä = Kräuterbündel, Wiesenstrauß
Küeb, dä = Jakob
Küehl, dä = Grünkohl
Küek, die = Küche
Küekepitter, dä = Topfgucker
Küenig, dä = König
küeß = könnte
Küetel, dä = kleiner Klumpen, Tierlosung, kleiner Junge
Küffke, dat = Wanne, Kopf-Verletzung
kühme = stöhnen
Kukuksblom, die = Wiesenschaumkraut
Kull, die = Mulde, Vertiefung, Wasserloch (Niepkuhlen)

Külleke, dat = Loch beim Murmelspiel
Kunnes, dä = Konrad
kuohle = lügen, schwindeln
kuome = kommen
Kuoraasch, die = Mut
Kupee, dat = Abteil
küppkescheete = fußballspielen
Kuraasch, die = Mut, Courage
kuraschiert = mutig
kuriere = heilen
Kurv, die = Kurve
kusch = ruhig, fügsam
Kusch, die = Schwein, Sau
kusche = gehorchen, ducken
Küschke, dat = Ferkel, schmuddeliges Kind
kuuele = schwindeln
kuuepe = kaufen
Kuueper, dat = Kupfer
Kuus, dä = Büchel, Rasenstück
Küüte, die = Rogen, Waden
kwassele = schwätzen
kwätsche = stampfen
Kwessiuon, die = Scherererei
Kwessiuone, die = Protest, Streit, Einwendungen
Kwetschbüll, dä = Ziehamonika, Akkordeon
kwetsche = stampfen, zwischenschieben
kwoet = böse, ungehalten

L

Laa, die = Lade
Laach, die = Lachreiz, Lachsalve
Laadese, die = Läden, Geschäfte
Laake, dat = Laken
Laaß, die = Last, Bürde
laat = spät
Laatsche, die = Hausschuhe
laatsche = schlampig gehen
labberig = wackelig, instabil
Labbes, dä = Lümmel, Einfältiger, dümmlicher Mensch
labendig = lebendig
laberiere = laborieren, ausprobieren
lache = lachen
läcker = lecker
Läcker Kommdöck, dat = Lieblingsspeise
Läckersch, dat = Süßigkeit
Ladeschell, die = Ladenklingel
Ladeschwengel, dä = Gehilfe, Verkäufer
laff = fade
Lafumm, die = Bassgeige
lägge = legen
lakesse Rock, dä = Gehrock
lakessem Aanzog, dä = Anzug aus feinem Tuch
lakessem Brill, dä = Augenklappe
Lällbeck, dä = Grünschnabel
Lamäng, die = Gegenwärtiges
lamentiere = klagen, wehklagen
Lamp, die = Lampe
Lampefier, die = Dämmerstunde
Lampemaart, dä = Lampenmarkt
Lampeputzer, dä = Lampenreiniger, Schilfkolben
Lampett, die = Wasserkanne in der Waschschüssel
Lampewerke, die = Winterarbeitszeit
Landau, die = Gegend, Landschaft
Lange Lulatsch, dä = grosser Mensch
lange Täng = das Essen schmeckt nicht
langes = vorbei
langesieen = aneinander vorbei
Langhälske, dat = Weinflasche
Langschäfte, die = Stiefel
Längsel, dat = Hochaufgeschossener, Langer
Lank, dat = Land
Lanteär, die = Laterne

Lanteärepooel — Lemmertzjaare

Lanteärepooel, dä = Laternenpfahl, Lampenmast
Lapp, dä = Lappen
Lappeball, dä = Stoffball
Lappekiss, die = Restekiste, Kiste für Stoffreste, Bett
läppert = geflickt
Lar, die = Lade
Larerbier, dat = Lagerbier, Altbier
Latien, dat = Latein
Latt, die = Latte, Kerbholz, Schulden
lau = umsonst, kostenlos
Laumann, dä = Harmloser, unzuverlässiger Mensch
lauwärm = lauwarm
laviere = vorsichtig handeln
Lavitte leäse, die = Leviten lesen, Gardinenpredigt, schimpfen
lawere = reden, schwätzen
leäch = leer, unanständig
Leäje, die = Leere, leere Spulen
Leäje, dä = ordinärer Mensch
leäje = leeren
leäje Dier, dat = leichtfertiges Mädchen
Leäpel, dä = Löffel
Leär, dat = Leder
Leärbox, die = Lederhose
leäse = lesen
leästig = lästig
Leäwdag, dä = Lebtag
leäwe = leben
Leäwe, dat = Leben
Leäwer, die = Leber
Leäwerwuorsch, die = Leberwurst
Leäwesdag, dä = Lebtag
Lechmess, die = Lichtmess
lecke = lecken
lecker = schmackhaft
Leckerkommdök, dat = begehrte Speise, Leckerei
Leckersch, dat = Leckrigkeit, Leckerei, Süßigkeit
Led, dat = Lied
Ledder, die = Leiter
Leddsche, dat = kleines Lied
Leddsches, die = Lieder
Leen, die = Helene
Leenche, dat = Helene
Leet, dat = Licht
legge = liegen
Lehmhe-i, die = Lehmheide, Friedhofsbezeichnung
leht = leicht
lehte Hank = leichtsinnig
lei = leid
Lei, die = Schieferpfanne, Dachziegel
Leiendecker, dä = Dachdecker
Lektrisch, die = Strassenbahn
Lemmertzjaare, dä = Unbeholfener

**Lemmet, **dat = Docht der Petroleumslampe, Lampendocht
**Leng, **die = Linde
lengelahm = lendenlahm
**Lengelahme, **dä = Lendenlahmer
lenks = links
**Lenkspuet, **dä = Linkshänder
**Lenner, **die = Linner
**Lennert, **dä = Leonhard
**Lennertsche, **die = Lindentaler
**Lepp, **die = Lippe
**Letsch, **die = Junggesellenabschied, kirchlicher Aufruf
**Lettsch, **dat = Band
**Lewerink, **dä = Lerche
lie 'e = leiden
**Lieed, **dat = Leid
lieehne = leihen, borgen
**Lieehrsche, **die = Lehrerin
**Lieek, **die = Leiche, Begräbnis, Beerdigung
**Lieewerbaas, **dä = Liefermeister
**Lieewerböckske, **dat = Lieferbüchlein, Quittungsbüchlein
**Lieewerbuom, **dä = Lieferbaum, Tuchrolle
lieewere = liefern
**Liehr, **die = Lehre
liehre = lernen
**Liehrer, **dä = Lehrer

**Liehrjong, **dä = Lehrling, Auszubildender
**Liehrmädsche, **die = Lehrmädchen
**Liekewarel, **dä = Leichenwagen
**Liekezoch, **dä = Leichenzug
**Liem, **dä = Leim
lieme = leimen, kleben
**Liene, **dat = Leinen
**Lienooelig, **dat = Leinöl
**Lieske, **dat = Elisabeth
**Liev, **dat = Leib
**Liewerangs, **die = Lieferung
**Liewerdaach, **dä = Liefertag
**Liewerköckskes, **die = Extrawürste
**Liik, **die = Leiche, Beerdigung
**Ling, **die = Leine, Schnur, Wäscheleine
**Linnert, **dä = Lehrling
**Lipp, **die = Elisabeth
**Lisbett, **die = Elisabeth
**Liss, **die = Elisabeth
**Lititi, **dä = Fimmel, närrischer Zustand
litsche = einen Büttredner unterbrechen
**Livvkesbox, **die = Hemdhose, Kinderhose
**Löckebommel, **dä = sagenhafter Ort
**Löeker, **die = Löcher
**Loff, **die = Luft
**Loffball, **dä = Luftballon

Loffpomp, die = Luftpumpe
Loht, die = Luft
Löiht, die = Leuchte
Lömmel, dän = Lümmel
Lomp, dä = Lump
Lompe, die = Lumpen
lompe looete = schuldig bleiben
Lompekeärl, dä = Lumpensammler, Altwarenhändler
Lompepack, dat = Gesindel
Long, die = Lunge
longere = lungern
lönkere = blinzeln
Looek, dat = Loch
Looene, dä = Ableger
Looes, dä = Nikolaus
looete = lassen
looeve = loben
Lööper, dä = Gestell am Webstuhl
Lööperkaas, dä = Läuferkasten
Loopschött, dat = leichtes Mädchen
Loss, die = Lust
lot = lass
lötsche = lutschen
Lott, die = Charlotte
Lövvke, dat = Löbchen
Lü, die = Leute
lu'e = bellen
lü'e = läuten
Lu'i, dä = haltloser Mensch
luckse = listig, übertölpeln

Lud, dä = Ludwig
Lud, dä = Ludwig
Lüech, die = Lüge
Lu-et, dat = Lot
Lüh, die = Leute
lüje = lügen
Lukas, dä = Kirmesattraktion, Schlaggerät, Kräftemesser
Luoch, die = Lauge
Luohn, dä = Lohn
luohne = lohnen
Luopbox, die = Ungeduldiger
luope = laufen
Luoperee, die = Lauferei
Luopjong, dä = Laufjunge
Luopschött, die = leichtes Mädchen
Luopschüt, die = Lockere Person
luore = lauern
Luorjeäjer, dä = Neugieriger
Luorlöckske, dat = Guckloch, Türspion
Luot, dat = Masseinheit, Lot, Senkblei
Lusch, dä = hinterhältiger oder humoriger Mensch, Niete, Bauernschlauer
Lüüch, die = Lüge
Luuek, dat = Zwiebel
Luuekpiffkes, die = Schnittlauch
Luuekzaus, die = Zwiebelsosse
Luuekzupp, die = Zwiebelsuppe
Luur, die = Lauer

luure = lauern, Ausschau halten
Luus, die = Laus
Lüüsch, dat = Schilfrohr
Lüüschhenn, die = Blässhuhn

Luuskamm, dä = Lausekamm
Luuspöngels, die = arme Leute
Luwi, dä = Ludwig
Luwiss, die = Luise

M

m'r = man
Maach, dä = Magen
Maak, die = Fertigung
maake = machen, erledigen, tun
Maakluohn, dä = Lohn, Arbeitslohn, Entgelt
maale = mahlen
Maanes, dä = Hermann
Maart, dä = Markt
Maartdaach, dä = Markttag
Maartwiev, dat = Marktfrau
Maatwiev, dat = Marktfrau
Mabell, dä = Rotz
Madamm, die = Hausherrin
Mäddsche, dat = Mädchen, Hausmädchen
Mädschesfüüt, dä = Freier, Schürzenjäger
Mäertes, dä = Sankt Martin
Mäerz, dä = März
Mäerzbiss, die = Märzschauer
Mäetes, dä = Martin
Mafäukes, die = Nachäfferei, Dummheiten
Maggistruuk, dä = Liebstöckel

Maiblom, die = Maiblume, spanischer Flieder
Maibuom, dä = junge Birke
Maid, die = Magd, Mädchen
Maie, die = Birkenzweige
Maireäje, dä = Mairegen
Maisöitche, dat = Vergissmeinnicht
Majarin, die = Margarine
majer = mager
Majeritteblömke, dat = Margeritenblümchen, Wiesenblume
Maläste, die = Unannehmlichkeiten, Ungemach, Beschwerlichkeit
malat = krank, angeschlagen, erschöpft
Malche, dat = Amalie
Mälm, dä = Staub, Straßenstaub
Mälmpüper, dä = kleiner Mensch, Kleinwüchsiger
Malör, dat = Ungemach, Pech, Unglück, Unfall
Malt, dä = Malz

Mamm

Mamm, die = Mutter
Mämm, die = Brust
Mammsell, die = reifes Mädchen, Bedienerin
Manes, dä = Hermann
Mang, die = Korb, Waschkorb
mangele = mangeln
Manier, die = Art und Weise, Eigenart
Maniere, die = Benehmen
Manka, dat = Schneiderbüste
mankiere = sich aufspielen
Manko, dat = Defizit
manks = weich, geschmeidig, mürbe
Männ, dä = Hermann
Männeke, dat = Männlein
Männekeshüsske, dat = Altersheim für Männer, Männerheim
Manni, dä = Manfred
Männi, dä = kleiner Junge
männichiiene = mancher, mancheiner
männig = manches
männigkier = manchmal
männije = manche
mannsdoll = männertoll
mannshuoch = groß
Mannslüh, die = Männer
mans = mal
Manschetteknuop, dä = Manschettenknopf
Mapp, die = Mappe, Gesicht

märrsi

mar = nur
Marbell, die = Mirabelle
mareluot! = Überraschungsruf, Donnerwetter!
Maria Eendropp = Maria Heimsuchung
Mariahölp = Bittruf, Ausruf, Mariahilf
Mariajosef = Überraschungsruf
Mariann, dat = Marianne, Maria Anna
Mariasiep = Maria Heimsuchung
Marieche, dat = Maria
Marii, die = Maria
Marijadeis = Ausruf
Marikatring, dat = Maria Katharina
Marizzebell, die = Maria Sybilla
Marijaluot = Überraschungsruf
markiere = sich aufspielen, sich anstellen, vortäuschen, bezeichnen
Marlenche, dat = Maria Magdalena
Märling, dä = Amsel
Märlingskau, die = Vogelkäfig
Marliss, dat = Maria Luise, Maria Elisabeth
Marmelad, die = Marmelade
marschtich = plötzlich
marschtig = plötzlich, gänzlich
märssi = bedankt

Maschiin, die = Maschine, dicke Person
Massel, dä = Glück
Matratz, die = Matratze
Matruos, dä = Matrose, Seemann
Matsch, dä = Schlamm, dicke Frau
matsche = planschen, verschütten
Matschkapei, die = Jemand, der gern mit Wasser spielt
Matt, die = Matte, Fussabtreter
Mattes, dä = Matthias, Kraft
Mätz, dat = Messer
mau = dürftig, schwach
Mau, dä = Arm, Muskel, Kleiderärmel
Maue, die = Bizeps, Muskeln
Mauze, die = dumme Streiche
Mäuzke, dat = Erzählung, Geschichte, Begebenheit
Mäuzkesmaaker, dä = Erzähler, Spaßmacher
Meähl, dat = Mehl
Meählbiere, die = Mehlbirnen, Weissdorn
meählich = mehlig
Meählpapp, die = Mehlbrei, Klebstoff, Kleister
Meählsack, dä = Mehlsack
Meählschmeär, die = Butterersatz
Meählsöit, dä = Massliebchen

Meäl, dat = Mehl
Meärling, dä = Amsel
Meärz, dä = März
Meärzbiss, dä = kurzer Regenguß, Schluck Bier
meäte = messen
mech = mich
Meckel, dä = Michael
Medd, die = Mitte
Meddach, dä = Mittag
Meddag, dä = Mittag
Meddageäte, dat = Mittagessen
Meddagschlooep, dä = Mittagsschlaf
medde = mitten
Meddel, dat = Mittel
Meddelmooet, dat = Mittelmass
meddels = mittels
meddendooetösche = dazwischen, mittendrin
meddendrenn = mittendrin
Medderneit, die = Mitternacht
Meddes, et = mittags
meek = machte
melde = melden
Melizing, die = Medizin, Arznei
Melk, die = Milch
Melksfläsch, die = Milchflasche
Melksportmanné, dat = Milchkasse
Melkstüet, die = Milchkanne, Milcheimer
Mellizin, die = Medizin

Melm   **Minütt**

Melm, dä = mehliger Strassenstaub
Melm, dä = Staub
Melmpüper, dä = kleiner Mensch
mem = mit dem
Memm, die = Brust
Memmjöngke, dat = Muttersöhnchen
Menieeße, die = Mennoniten
Menieeße-Fennichkieet, die = Strenggläubigkeit der Mennoniten
mennichieene = mancheiner
mennije = manche
Mensch, dat = Frauensperson
Mensche, die = Menschen
Menschespieel, dat = Menschenmenge, Menschenauflauf
mer = wir, man
Merling, dä = Amsel
Mespele, die = Mispeln
Mess, di = Messe
Mess, dä = Mist
messe = missen
Messhuop, dä = Misthaufen
Messjaffel, die = Mistgabel
Messjong, dä = Messdiener, Ministrant
Messjons, die = Missgunst, Neid
Messjonz, die = Mißgunst
Messkaar, die = Mistkarre
Messwarel, dä = Mistwagen

Mett, die = Mitte
Mett, dat = Mett
Metz, dat = Messer
Metzkesteäke, dat = Messerstechen
Michel, dä = Michael
mieekele = stibitzen, stehlen
mieene = meinen
Mieeß, die = Messe
Mieeßel, dä = Meissel
Mieester, dä = Meister
Mief, dä = Mief, schlechte Luft
miekele = fuschen
Miene, die = Wilhelmine
mier = mehr
Mi-ester, dä = Meister
Mii, die = Maria
Miinche, dat = Wilhelmine
Miir, dä = Vogelmiere
Mimm, dat = Maria
Mimm, die = Katze
Mimmkätzke, dat = Haselnuss, Weidenknospe, Weidenkätzchen
min = mein
minachtich = verächtlich, missachtend
minardig = herablassend, hochnäsig
Ming, dat = Wilhelmine
minne = mein
minnetweäje = meinetwegen
mint = meint
Minütt, die = Minute

Minüttepooel, dä = Grenzstein
mirschdens = meistens
miselich = schwach, schwächlich
Missjaffel, die = Mistgabel
Miz, die = Katze
Möck, die = Mücke
Möckeföttsche, dat = ganz wenig, Mückenhintern
modde mödde = müssen
Modder, die = Mutter
Modderjoddesjläske, dat = Ackerwinde
Modderjottes, die = Muttergottes
modderselligalleen = mutterseelenallein, verlassen
Moddersprooek, die = Muttersprache
Möehn, die = alte Frau, Altweiberfigur
Möeler, dä = Maler
möff = müff
möffe = stinken
Moffel, dä = Happen
moffele = langsam essen
Möffelke, dat = Wenig, Happen
möht = möchte
möje = mögen
molt = malt
Mömmes, dä = Nasenschleim, Nasendreck
Mondes, et = montags
Monk, dä = Mund
Mönke, dat = Mündchen

mönkesmooet = mundgerecht, happengross
Monnd, dä = Mond
Mönnekesärbet, die = zweckloses Tun, Nebensächlichkeit
Monnt, dä = Monat
mooel = mal
mooele = malen
Mooen, dä = Mond
Mooenbloom, die = Mohnblume
Mooendag, dä = Montag
Mooenjesieech, dat = Mondgesicht, rundes Gesicht
Mooenkalv, dat = Schimpfwort
Mooet, dat = Maß
Moot, dä = Mut
Moot, dä = Mut
Moppe, die = Lebkuchen, Pfeffergebäck
Moppekro-em, dä = Kleinkram
Moppendätsch, dä = aufgeweichtes Lebkuchengebäck, Ausruf
Morje, dä = Morgen
morje = morgen, am nächsten Tag
morjes = morgens
morjesfrüch = frühmorgens
morjesfrüsch = frühmorgens
Morjestiet, die = Morgenfrühe
Mörmel, dä = Murmel, Kuller, Knicker
mörmele = murmeln

Mösch, die = Spatz, Sperling
Möschekau, die = Vogelkäfig
Möschekäuke, dat = schmales Haus
Moschel, die = Muschel
Möschemänneke, dat = männlicher Spatz, keck-frecher Mann
Möschtijall, die = scherzhaft für Spatz
moss = muss
Mostert, dä = Senf
Mostertpott, dä = Senftopf
mot = muß
möt = mit
möt affjekuome = konfirmiert, zur Kommunion gegangen
möt uohne = ohne
mötaffkuome = zur Erstkommunion gehen
mötonger = mitunter, ab und zu, manchmal
Mötsch, die = Mütze
Mott, die = Motte
Mott, dä = Schlamm, Lehm, Matsch
Mott Anton = Krefelder Original, Reinigungs-Unternehmer
Mottlau, die = Drecksack
Mottläuke, dat = Schmutzfink, Dreckspatz
Muckefuck, dä = Kaffee-Ersatz, Gerstenkaffee

Muckviul, die = Goldlack, Stiefmütterchen
Müe-der, dä = Maurer
Muff, dä = Hausschuh, Pantoffel, Handwärmer
Muffe, die = Angst
müffe = stinken
muffensausen = Angst haben
müffig = vermodert, modrig
Muffiuole, die = Goldlack
Muht, die = Mauser
müjelich = möglich
Mull, die = Maul, Mund
Muode, die = Mode
Muoder, die = Mutter
Muor, die = Möhre
Muorejubbel, dä = Suppe aus Möhren und weissen Bohnen
Muorekruut, dat = Möhrenkraut, Zuckerrübenkraut
Muorembönk, dä = Möhreneintopf
Muorepuspas, dat = Möhrendurcheinander
Mur, die = Mauer
mure = mauern
müre = trüben
Muredubbel = Eintopf
mürig = trüb
müsch = müde
Müschmann, dä = Faulpelz, Schläfriger

Musjö, dä = Herr, fragwürdige Person
müskesstell = mäuschenstill
Müsske, dat = Mäuschen
Müsske spieele = Mäuschen spielen, lauschen
Mütsch, die = Mütze
Mütsch, die = Mütze
Mutz, die = Tonpfeife
muuere = mauern
Muulbaas, dä = Meister im Maulen, Schimpfer
muule = maulen, schimpfen

Muus, die = gequetschte Hautstelle, Blutblase
Muus, die = Maus
muuse = Mäuse fangen
Muuseküetel, dä = Mäusekot
Muuselooek, dat = Mäuseloch
muusere = mausern
Muusfall, die = Mausefalle
Muusschwanz, dä = Wacholder
Muut, die = Mauser
Muuze, die = gesottenes Fastnachtsgebäck
Muuzemandele, die = Muzen (Ölgebäck)

N

naat = nass
Naate, dä = Nassauer, Abstauber
Naatjemäkde, dä = Angeschmierter, Hereingelegter
Nache, dä = Kahn
Nack, dä = Nacken
näck = nackt
näcke Püet, die = nackte Füsse, unbeschuht
näcke Vertell, dä = Unsinn, Blödsinn
näcken Hännes, dä = einfache Blutwurst
Nait, die = Nacht

naits = nachts
Nam, dä = Name
Namesdag, dä = Namenstag
Nameße, die = Namen
Narel, dä = Nagel
narele = nageln
Narv, die = Narbe
Nas, die = Nase
Nas huochdraare = hochmütig sein, eingebildet
Nas huochtrecke = schneuzen
Naseblo-e, dat = Nasenbluten
Naseflüejel, dä = Nasenflügel
Nasewärmer, dä = kurze Pfeife

nasewies = naseweis, pfiffig, neugierig
Nasslöeker, die = Nasenlöcher
nätt = hübsch
näxde = nächster
neä = nein
neähme = nehmen
neäve = neben
Neävel, dä = Nebel
neävembee = nebenbei
neävenaan = nebenan
neävenieen = nebeneinander
Neetche, dat = Nichte
Neit, die = Nacht
neits = nachts
Neitshemm, dat = Nachthemd
Neitsjeschier, dat = Nachtgeschirr
Neitspongel, dä = Nachtgewand, Nachthemd, Schlafanzug
Neitspott, dä = Nachtgeschirr
Neitsüll, die = Nachtschwärmer
Nejerjeld, dat = Leckerei, Lakritztaler
Nelli, die = Cornelia, Petronella
nenne = nennen
neppe = neppen, ausnehmen, betrügen
neppe = nippen
net = nicht
net janz pöck = mangelhaft, unklar
nett = hübsch, fein, ansehnlich
Nettche, dat = Henriette

Nieefaam, dä = Nähfaden
Nieehnold, die = Nähnadel
Nieejaare, dat = Nähgarn
nieeje = neun
nieejenhongert = neunhundert
nieejentehn = neunzehn
nieejenzich = neunzig
Nieekörv, dä = Nähkorb
Nieemasching, die = Nähmaschine
nieemes = niemand
nieene = nähen
Nieenold, die = Nähnadel
Nieersche, die = Näherin, Hausnäherin
Niees, dat = Nest
Nieesie, die = Nähseide
Nieetele, die = Brennessel
nier = nieder
Nieres, dä = Werner
Nies, dat = Agnes
niesele = nieseln
nix = nichts
Nixnotz, dä = Taugenichts, Frechdachs
nixnotzig = hinterlistig, hinterrücks, betrügerisch
no = nun, jetzt
Nöbb, dä = Norbert
Nobber, dä = Nachbar
nobbere = Nachbarn aufsuchen, Nachbarschaft pflegen
nobbere jooehn = Nachbarn besuchen

Nobberschaff, die = Nachbarschaft, Umgebung
Nobberschkenk, dat = Nachbarskind
Nobbes = Nichts
Nöcklefönnes = Schimpfwort
nöddelich = ungehalten
nöddich = nötig
nöddig = nötig
nöi = neu
Nöies = Neues
nöijierich = neugierig
Nöijohr, dat = Neujahr
Nöijöhrke, dat = Neujahrsgebäck (Brezel oder Schnecke), Neujahrsgeschenk
nöiter = nüchtern
nöiter Jönke, dat = Neuling
Nold, die = Nadel
Noldekapell, die = Werkstatt
Nöll, dä = Arnold
Nölles, dä = Kopf
Nölles, dä = Arnold
Nommer, die = Nummer
Nommesdaach, dä = Namenstag
nooe = nach, nun
nooedenke = nachdenken
Nooeduorsch, dä = Nachdurst
nooeh = nah
nooehalde = nachhalten, aufrechnen
nooehbee = nahebei
nooehm = nahm
Nooeht, die = Naht

Nooejare, dat = Nachjagen, Nachwerfen
nooejeäwe = nachgeben, zurückstecken
Nooejedanke, die = verspätete Überlegung
nooekieke = nachgucken
nooelooete = nachlassen
nooeluope = nachlaufen
Nooemeddag, dä = Nachmittag
nooer de Schöpp ruuke = bald sterben
Nooerjemäkde, dä = Nachäffer
Noorjedanke, die = Nachgedanken
Nopp, dä = aufgerauhte Oberfläche, Glanz
Nopp av = Glanz weg, verschlissen
Nopp dooevan = abgenutzt, verschlissen
Norhölp, die = Nachhilfe
nörjele = nörgeln, meckern
nörjes = nirgends
norkaarte = nachkarten, wieder aufgreifen
Nösemes, dä = einfältiger Helfer
Nöttelfönes, dä = mürrischer Mensch
nöttlich = verdriesslich, ungehalten, unzufrieden
Notze, dä = Nutzen
nötzlech = nützlich

Nüggel, dä = Gummisauger, Schnüggel, Schnuller
nüggele = saugen
Nuot, die = Not
Nuot, die = Nuss
Nuotbuom, dä = Nussbaum
Nuote, die = Noten
Nuotfahm, dä = Notfaden
Nuothelper, dä = Nothelfer
Nuuet, die = Not

O

o jömmisch = Überraschungsausruf
Obbs, dat = Obst
Obbsbuom, dä = Obstbaum
Obbskok, dä = Obstkuchen
och = ach, auch
öch = euch
Ödingsche, die = Uerdinger
Odör, dä = Duft
Öel, dat = Öl
Oeselkes, die = Nieren
Oewe, dän = Ofen
Öigske, dat = Äuglein
Okulieerde, dä = seltsamer Mensch, Zugezogener
okulierde Spoulan, dä = Fabrikschreiber
okuliere = aufpropfen, verfeinern
öm = um, verdorben, ungeniessbar
öm flautes = unverbindlich
ömängere = umändern
ömbenge = umbinden
ömblooese = umblasen
ömbou'e = umbauen
ömbrenge = umbringen
ömdri-ene = umdrehen
ömesöns = umsonst
ömfahre = umfahren
ömhüre = umhören
Ömjang, dä = Umgang, Terrasse
Ömjeäjend, die = Umgebung
ömjraawe = umgraben
ömkieke = umgucken, umschauen
ömkuueme = umkommen
omp = ungerade, einzeln, überzählig
ömpooete = umpflanzen, umtopfen
Omsnuot, die = Atemnot
ömstuuete = umstoßen
ömsües = umsonst
ömtrecke = umziehen
ömtusche = umtauschen
Ömweäg, dä = Umweg
onbeholpe = unbeholfen

Ondüech

Ondüech, die = Untugend, Sünde, Streich
Onfazuun, dat = Ungeregeltes
onfröndlech = unfreundlich
onge = unten
Ongel, dä = Kerzentalg
ongenduor = untendurch
onger = unter
Onger de Leng = Lindental, Unter der Linde
Ongerbi-en, dat = Unterbein
Ongerbox, die = Unterhose
ongerhanks = unterderhand, inzwischen
Ongerhemm, dat = Unterhemd
Ongerhuus, dat = Unterhaus
Ongerjank, dä = Untergang
ongerkrieje = unterkriegen
Ongerlepp, die = Unterlippe
Ongerliev, dat = Unterleib
ongerschie-e = unterscheiden
ongerschriewe = unterschreiben
öngerschte = unterste
ongersöcke = untersuchen
ongerstank dech ! = untersteh' dich!
ongerweäjes = unterwegs
onjemäckelig = unbequem, ungemütlich
onjerejelt = ungeregelt, unanständig, unordentlich
onjescheckt = ungeschickt
onjewännt = ungewohnt

Ooes

Onjlöck, dat = Unglück, Ungemach
onjoot = ungut
Onkruut, dat = Unkraut
onnich = auch nicht
Onrass, die = Unrast, Unruhe, Ungeduld
Onrass, dä = Ungeduldiger
Onreit, dat = Unrecht
onröhig = unruhig
onröich = unruhig
Onrou, die = Unruhe
onscheniert = ungeniert
onschöldich = unschuldig
ontefrieene = unzufrieden
onverhüts = unverhofft
Onvernonft, die = Unvernunft
Onverstank, dä = Unverstand, Unvermögen
Onweär, dat = Unwetter
onwies = unmässig, übertrieben, unklug
Ooeder, die = Ordnung
ooehne = ohne
Ooelig, dän = Öl
Ooelingslamp, die = Petroleumslampe
Ooem, dä = Atem, Hauch
Ooemschöppe, dat = Atemholen, Luftholen
Ooemsnuot, die = Atemnot
ooepe = offen
Ooes, dat = Aas, Luder, Raffinierter

Ooes

Ooes, dä = Ast
Ooeß, dä = Ochse
Ooeßekopp, dän = Ochsenkopf, Schimpfwort
Ooeßesteärt, dän = Ochsenschwanz
Ooewend, dä = Abend
ooewes = abends
Ooeweseäte, dat = Abendessen
Ooewesklock, die = Abendglocke
Oowe, dän = Ofen
Oowespief, die = Ofenpfeife, Ofenrohr
op = auf
op de Latt = Kerbholz, Geborgtes
op de Ley = Geborgtes
op de Stipp = kurzfristig, kurz
op et Tau = am Webstuhl
op jank = in Bewegung, aktiv
op Jöck = unterwegs
op Kömpkesweg = unterwegs, im Anmarsch
op Schött = unterwegs
op Stippe = zu Besuch, vorübergehend
op Trapp = in Eile, in Atem gehalten, unterwegs
opbärme = aufhäufen, aufstapeln
opbenge = aufbinden
Öperke, dat = Oper, Geschehnis, Ereignis
ophange = aufhängen

Örjelskaas

ophüre = aufhören
opieen = aufeinander
Opjang, dä = Aufgang
opjank = zu gange, tätig
Opjeblooesene, dä = Angeber
opjejongt = aufgewachsen
opjekratzt = aufgedreht
Opkaamer, die = höhergelegenes Zimmer, Dachzimmer
opkrempele = aufkrempeln, aufdrehen
Opneähmer, dä = Aufnehmer, Wischlappen
Op-on-Nierjänger, dä = Auf- und-Niedergänger am Webstuhl
opp Schött = funktionierend
opp Schött sieehn = in Aktion
oppasse = aufpassen, achtgeben
Oppumsche, die = Oppumer
opraape = aufheben, aufkriegen, neuen Mut fassen
oprengele = aufrollen
opschnie'e = aufschneiden, flunkern
opstooen = aufstehen
opstuete = aufstossen
optaakele = auftakeln, herausputzen, aufputzen
optrecke = Nase hochziehen
Örjel, dän = Orgel
Örjelskaas, dän = Orgelkasten, Drehorgel

Örjelsmann, dän = Drehorgelspieler, Straßenmusikant
Örjelsmittwoch, dä = Tag der Strassenmusik
Örjelspief, die = Orgelpfeife
örjes = irgendwo
Orlog, dä = Krieg
örndlich = ordentlich
Örschel, dän = Ungemach, Ärger, Last
örschele = abquälen, Sorgen machen, abmühen
os = uns
oserieene = unsereiner
Oug, dat = Auge
Ougemooet, dat = Augenmass
ov = ob, wenn
Överdagsleet, dat = schlechtes Licht
owieeh! = oweh!, Ausruf

P

paaf = Schallwort
paarsche = pressen, drängeln
Paasch, dä = Presse, Krautpresse, Obstpresse
paasche = pressen
Paaß, dä = Gelegenheit, Zutreffendes
Paav = Ex-trinken
Pack, dat = Gesindel
Pack, dä = Packen, Menge
Packaan, dä = Engagierter, Zupackender, Fleissiger
packe = packen
Packeäsel, dä = Lastenträger, fleissiger Mensch
Packersche, die = Packerin
Padd, dä = Pfad
paddele = paddeln
Päeterohme, dä = Patenonkel
Päeterouhme, dä = Patenonkel
Päeteuome, dä = Patenonkel
paff = sprachlos, überrascht
Palaver, dat = Auseinandersetzung, lautes Reden
Palaverjruoß, die = redselige Oma
Palm, dä = Buchsbaum
Palmeäsel, dä = Palmesel, biblisches Reittier, Einfaltspinsel
Palmfeäsel, dä = Palmbündel
Palmholt, dat = Buchsbaumholz
Palmsonndach, dä = Palmsonntag
Päng = Schallwort

Pank

Pank, dat = Pfand
Pank, dat = Mal, Spielfeldabschnitt
Pankhuus, dat = Pfandhaus, Leihhaus
Pann, die = Dachpfanne, Dachziegel
Pann, die = Pfanne, Bratpfanne
pänne = schlafen
Pännekefett, dat = üppige Kost, Überfluss
pännekefett = verschwenderisch, üppig, pfannenfertig
Pänner, dä = Nichtseßhafter
Panneschopp, dä = Ziegelwerk, Ziegelei
Pannesteärzke, dat = neugeborenes Kind vor der Taufe
Pannhas, dä = aufgekochte Wurstbrühe mit Buchweizenmehl
Pänz, die = Kinder, kleine Kinder
Papierfreäter, dä = Büroangestellter
Papp, die = Brei
Papp, dä = Papa, Vater
Papp freäte = fraglicher Genuss
Pappkopp, dä = Schimpfwort, Marionette, Mensch mit weicher Birne
Pappschnuut, die = nachlässiger Sprecher

Peärd

Paraplüh, dä = Schirm
parat = fertig, bereit
parat maake = fertigmachen, vortäuschen, zurechtlegen
Pardong, dat = Entschuldigung
pariere = gehorchen
parliere = sprechen, Reden halten
Parterr, die = Erdgeschoss
partu = unbedingt
paspeliere = einfassen
passiere = vorkommen, vorbei gehen, durchseihen
Pasterat, dat = Pfarrhaus
Pastur, dä = Pastor, Geistlicher
Pasturestöck, dat = hochwertige Fleischsorte
Patekenk, dat = Patenkind
Päteouhme, dä = Patenonkel
Patruon, dä = Schutzpatron, sonderbarer Mensch
Patt, dä = Pfad
Pau, dä = Pfauhahn
Peäk, dat = Pech, Unglück
peäkendüster = dunkel, pechschwarz
Peäkfackel, die = Pechfackel
peäkschwatt = pechschwarz
Peäper, dä = Pfeffer
Peäperkock, dä = Pfefferkuchen, Gewürzkuchen
Peäperkockskeärl, dä = Nikolausgebäck
Peärd, dat = Pferd

Peärdsdoktor, dä = Tierarzt
Peärdsduorsch, dä = sehr grosser Durst
Peärdsflieesch, dat = Pferdefleisch
Peärdsfott, die = Pferdehinterteil
Peärdskaar, die = Pferdekarre
Peärdsküetel, dä = Rossapfel
Peärdsküetelsjenaue, dä = Pedant, Übergenauer
Peärdsverstank, dä = Pferdeverstand
Peärke, dat = Pärchen
Peck, dä = heimlicher Groll
Pedd, die = Kröte
Peddestohl, dä = Fliegenpilz
Peiaß, dä = Hans Wurst
Peijaskro-em, dä = Unsinniges
peljere = pilgern
Pell, die = Pelle, Haut
Pell, die = Pille
pelle = pellen, abhäuten
Polleärpel, die = Pellkartoffeln
Pelleärpelschlaat, dä = Kartoffelsalat aus Pellkartoffeln
Pelledrieener, dä = Pillendreher, Apotheker
Pempernelles krieeje = unruhig werden, nervös werden
Pempernell, die = Bibernell-Pflanze
Pengsruos, die = Pfingstrose
Pengste, dat = Pfingsten

Pengsvurel, dä = Unpassend Angezogener, „bunter" Vogel, Pirol
Penn, dä = Stift
Penneke, dat = Schnapsglas
Penning, dä = Pfennig
Penningskrooem, dä = einfache Ware, Billiges
Peps, dä = Erkältung
per = durch
per malör = unbeabsichtigt, zufällig
perdü = verloren, vorbei
Perpentikel, dä = Uhrpendel
Perrong, dä = Bahnsteig, Draußen-Stehplatz auf dem Eisenbahnwaggon
Peterzillije, dat = Petersilie
petit = klein
Phüppke, dat = Philipp
pi'ekele = pökeln, einlegen
Pick, dä = böser Eindruck
pickepackevoll = gedrängt voll, übervoll
Pieersch, die = Pfirsich
Pief, die = Pfeife
Piefekopp, dä = Pfeifenkopf, Schimpfwort
Piefelöckske, dat = Schnittlauch
Pieferüehrkes, die = Frülingszwiebel
Piefesieewer, dä = Pfeifensud
piele = lauern, nachsehen, schauen

pieljrad = exakt gerade
pieljraduut = exakt geradeaus
piere = ärgern
piesacke = hart zusetzen, triezen, quälen
Piesepampel = Schimpfwort
Piffke, dat = Pfeifchen
Piffkes, die = Schnittlauch
Pillhack, die = Spitzhacke, Kreuzhacke
Pinau, dat = Versteckspiel, Kinderspiel
Pineke, dat = Schnapsglas
Ping, die = Schmerz, Pein
pingelich = kleinlich
Pingke, dat = Schnapsglas
Pirk, dä = Regenwurm, Wurm
Pirketrecker, dä = ungezogenes Kind, komplizierter Mensch
pische = urinieren
Pischpott, dä = Nachtgeschirr, Nachttopf
Pitsch, die = Peitsche
pitsche = stecken, Nadelstiche verteilen, etwas trinken
pitschnaat = sehr nass
Pitt, dä = Peter
Plaat, die = Platte, Glatze, Schallplatte
Pläät, die = Glatze
Plaatekopp, dä = Glatzenträger
Pläätekopp, dä = Glatzenträger
Plack, dä = Ausschlag, Hautausschlag, Lappen

Pläckske, dat = Pflaster, Läppchen
Plank, die = Planke, starkes Brett, Bohle
Plänk, die = Wand
plansche = planschen
Plant, die = Pflanze
Plantaasch, die = Plantage, Anpflanzung
plante = pflanzen
Pläsier, dat = Vergnügen, Freude
plästere = regnen
Plastrong, dä = Seidenschlips, Krawatte
platsche = mit Wasser spielen
Platt, dat = Mundart, Dialekt
Platt spreäke = Mundart sprechen
plattdöe = plattdrücken, niedermachen
Plattpuuet, dä = Plattfuss
platttreäne = platttreten
plattschlare = unterschlagen
plemmplemm = verrückt, Schimpfwort
Plieroog, dat = Triefauge
pliestere = verputzen, stark regnen
Pliesterer, dä = Putzer
Pliesterlatt, die = Latte, die eingeputzt wird, Handwerkszeug
Plöck, dä = Pflücken, Lebensabschnitt

plöcke = pflücken
Plöcker, dä = Seidenpflücker
Plöckschlaat, dä = Pflücksalat, Schnittsalat, junge Menschen
Plog, dä = Pflug
Plooch, dä = Pflug
Plooech, die = Plage, Last
Plooeg, die = Plage
plooere = beeilen, plagen
Plöres, die = Lungenentzündung
plümerant = schwindelig
Plümm, die = Wollquaste, Anhängsel, Bommel
Plümmelsmütsch, die = Mütze mit Bommel
Plümmo, dat = Federbett
Plunsch, dä = eine Menge Flüssigkeit
plunsche = aufklatschen
Plüsch, dä = samtartiges Gewebe
Plüschprumm, die = Pfirsich
Pluute, die = Kleidung, alte Kleidung, Abgetragenes
pö a pö = allmählich
pöck = pickfein, eingepökelt, undurchsichtig
pöerze = unnötiges Öffnen
Pögge, die = Schweine
Pöggske, dat = Schweinchen, Ferkel
Poljoneskaas, dä = kleines Theater, Bühnenkasten, Puppentheater

Poljoneskopp, dä = verfilzter Haarschopf
Polkakopp, dä = Haartracht
Pölv, dä = Leinensack, Schlafdecke, Federkissen
Polver, dat = Pulver, Arznei
polverdrüch = pulvertrocken
Pommes, die = Pommes frites, Kartoffelstäbchen
Pomp, die = Pumpe
pompe = pumpen, ausleihen
Pompeback, dä = Pumpentrog
Pompeschwengel, dä = Pumpenschwengel
Pompewaater, dat = Pumpenwasser
Pongel, dä = ungepflegtes Kleidungsstück, verkommener Mensch
Pöngel, dä = Bündel
pöngele = wiegen, abwägen, bemuttern
Pongelsvolk, dat = arme Leute
Ponk, dat = Pfund
Ponkt, dä = Punkt
ponkwies = pfundweise
Pont, die = Fähre
Pooehl halde = durchhalten
Pooel, dä = Pfahl
pooele Aap, dä = Einfältiger
pooelhalde = durchhalten
Pooert, die = Tor
Pooesch, die = Ostern

pooeschbeäß = allerbeste Kleidung, das Beste
Pooeßpeärd, dat = Postpferd
Pooeß, die = Post
Pooeßhengs, dä = Postpferd, Postbeamter
Pooeßkaart, die = Postkarte
Pooeßkaas, dä = Briefkasten
Pooeßwarel, dä = Postwagen
pooete = pflanzen
Pooeteärpel, die = Pflanzkartoffeln
Pooeteling, die = Pflanzleine, Pflanzschnur
Pooetsteck, dä = Pflanzstab
Pop, die = Puppe
Popp, die = Puppe
Poppelapp, dä = kleiner Stoffrest fürs Puppenkleid, Stoffrest
Poppewarel, dä = Puppenwagen
pörkele = stochern, knibbeln
Portemonnee, dat = Geldbörse
Portmanee, dat = Geldbörse
Pörtsche, dat = Törchen, Durchlass
Porziuon, die = Portion
porziuoniere = portionieren
posamentiere = Borde knüpfen, aufstellen
Pösske, dat = Posten, Anstellung, Arbeitsstelle
Postelien, dä = Porzellan

Posteljong, dä = Postillon, Postkutscher
Postellin, dat = Porzellan
postiere = aufstellen, ordnen, hinstellen
Pott, dä = Toilette, Gefängnis
Pott, dä = Topf, Kessel
Pött, dä = Schöpfbrunnen, Brunnen, Bergwerk
Pottekieker, dä = Topfgucker, Neugieriger
Pötter, dä = Stubenvogel, Distelfink, Werkzeug
Pottfenk, dä = Schmutzfink
Pottluot, dat = Schwärzungsmittel
Pottweck, dä = rundes Weissbrot aus der Kasserolle
praate = schwätzen, reden
Präddich, die = Predigt
präddije = predigen
prakesiere = etwas geschickt erledigen, versuchen, probieren
Prakesöres, dä = Tüftler, Erfinder, Geschickter
Prattsch, dä = Schlamm
präzis = genau, exakt
Prengel, dä = Knüppel, Stock
Prent, die = komische Frau, Eingebildete
Prent, die = Printe

Prentemann, dä = Lebkuchenfigur, schlapper Mensch, Einfaltspinsel
Preuß, dä = Soldat
prezies = genau
Priem, dä = Kautabak
Pries, dä = Preis
Priese kieke = einen Stadtbummel machen
Pröck, die = Perücke, Kunsthaar
Proff, dä = Pfropfen
Projramm, dat = Programm
Prök, die = Perücke
Pröll, dä = Kram, Wertloses, Hab und Gut
Pröllmann, dä = primitiver Mensch
pront = prompt
propper = sauber, rein
Propperetät, die = Sauberkeit, Reinlichkeit
proppevoll = prall gefüllt
pross = prost
prosste = zuprosten, niessen
prötsche = brodeln, kochen
Prött, dä = Kaffeesatz
Prozeäs, dä = Prozess
prozessiere = prozessieren
Prozessiuon, die = Prozession, Umzug
Prume, die = Pflaumen
prüme = Kautabak kauen
Prumebuom, dä = Pflaumenbaum
Prumedätsch, dat = Pflaumenmus
Prumestrieker, dä = Schmeichler
Prumetaat, die = Pflaumenkuchen
Prumezupp, die = Pflaumensuppe
Prumm, die = Pflaume, beleidigte Frau
Prümtabak, dä = Kautabak
Pruumestrieker, dä = Schmeichler
Puckel, dä = Buckel, runder Rücken, unzuverlässiger Mensch
Puddelhonk, dä = Pudel
puddelnäck = ganz nackt
Pudel, dä = Fehlwurf beim Kegeln
Püemel, dä = geringer Rest, kleine Person
püemele = verhalten zulangen, ohne Appetit essen, im Essen stochern
Püemels-Härke, dat = kleinwüchsiger Herr
püetere = basteln, tüfteln, stochern
Püetermanes, dä = wählerischer Mensch
Puff, dä = Freudenhaus
puffe = borgen, ausleihen, stossen

püffe = rauchen
Püfferkes, die = Schmalzgebäck, Nikolausgebäck
Püfferkespann, die = Muldenpfanne, Spezialpfanne
Puffmaue, die = Bauschärmel
puffpaff = plötzlich, aus heiterem Himmel
Pull, die = Flasche, Milchflasche
pummelich = drall, rundlich
Pünkske, dat = Pünktchen
püsele = wedeln, kosen, leicht darüber streichen
Puspas, dä = Obstkompott

pussiere = freien
püsterich = gesättigt, Völlegefühl haben, überfressen
Pütt, dä = Schacht, Wasserloch, Bergwerk
Pütterkes, die = Füßchen
Putz, dä = Polizist, Schutzpolizist
putze = putzen, pflegen
Puuet, dä = Fuss
puupe = einen fahren lassen
puupsatt = übersatt
puuste = blasen, pusten
Puut, dat = kleines Kind

Q

Quaas, dä = Quaste, Bommel
Quaatsch, die = jammernde Alte
quaatsche = krank tun, sich anstellen
quabbelig = schwammig
Quacksalver, dä = Quacksalber, Wunderheiler
quake = quaken, sprechen
quängele = betteln, wehleidig sein
Quante, die = grosse Gliedmassen
Quärk, die = jammernde Person
quärke = greinen, jammern
Quatsch, dä = dummes Zeug

quatsche = schwätzen, verraten
quätsche = quetschen
Quatschkopp, dä = Schwätzer, Redseliger
Queäljiees, dä = Quälgeist
Queerdriewer, dä = Quertreiber
Queke, die = Unkraut, Grasart
Quent, die = Quintseite, Geduld
Querdriewer, dä = Quertreiber, Querkopf
Querkopp, dä = Querkopf
Quessiuon, die = Schererei
Quessione maake = Einwendungen machen, Ärger machen

Quetschbüll, dä = Ziehharmonika, Akkordeon
Quetschkommuod, die = Ziehharmonika
Quisel, die = moralisierende Person
quiselig = genau nehmend, pingelig
Quissel, die = frömmelnde Frau, Betschwester
quitt = erfüllt, los
quittejeäl = quittengelb
quooet = böse, ungehalten

R

raape = aufsammeln, raffen
Raas, die = Rast, Pause
Raasch, die = Wut
Rabattetreäner, dä = Plattfuss
Rabau, dä = Apfelsorte, Rüpel
Rabbel, dä = Verrücktheit
rabbele = rappeln, rütteln
Räbbelke, dat = Kinderrassel
Rabbelskuh, die = Störenfried, Unruhiger
Rachjier, die = Futterneid
Radau, dä = Lärm
Raddei, die = weiblicher Spatz
Radieske, dat = Radieschen
Rahm, dä = Fensterrahmen, Fenster
rake = anfassen
räkele = recken, strecken
Rämke, dat = Durchreiche, Gasthausfenster
Rämmel, dä = grosses Stück
ramsche = zupacken, raffen

Rangdevu, dat = Stelldichein
rang-zang = heftig, schnell
Rank, dä = Rand
ranke = übelnehmen
rankvoll = randvoll
rappele = rappeln, heftig schütteln, rütteln
rasele = zittern
Ratt, die = Ratte
rattere = rattern
Reäje, dä = Regen
reäjene = regnen
Reäjeschuor, die = Regenschauer, Regenguß
Reäjewaater, dat = Regenwasser
Reäjeweär, dat = Regenwetter
Reäkembaas, dä = Rechenmeister, Rechenkünstler
Reäkenbock, dat = Rechenbuch
reäkene = rechnen
reäste = ausruhen, entspannen

Rebb, die = Rippe
Rebbeprenz, dä = Magerer, Dünner
reckele = stochern
Reckelieser, dat = Stocheisen, Schürhaken
Reckske, dat = Regal, Wandbrett, Schlüsselbrett
Reeih, die = Reihe
Reem, dä = Riemen, Gürtel
reen = rein
Rees, die = Reise
reese = reisen
Reev, die = Reibe
Reevkock, dä = Reibekuchen, Kartoffelpuffer
reffele = zerfasern, entwirren
Reibach, dä = Gewinn, Erlös
Reihfahm, dä = Reihfaden
reinije = reinigen
Reit, dat = Recht
reit = richtig
Re-it, dat = Stahlrahmen am Webstuhl, Riet
reits = rechts
reitseröm = rechtsherum
reitserömm = rechtsherum
reitsömm = rechtsum
Rejel, die = Regel, Norm
rejele = regeln
Rejing, die = Regine
rek'mandiere = empfehlen
Remedur, die = durchgreifende Ordnung, Veränderung
Remmel, dä = großes Stück
rempele = anstossen, stossen, schubsen
Reng, dä = Ring, Arena
renge = ringen
Rengelbloom, die = Kalendula
Rengeldüfke, dat = Ringeltäubchen, Schnäppchen
rengele = winden
Rengelotte, die = Reineclauden
Renger, die = Rinder
Renk, dat = Rind
Renkflieesch, dat = Rindfleisch
Renkflieeschzupp, die = Rindfleischsuppe
Renn, die = Rinne, Gosse
Rennstieen, dä = Rinnstein, Bordstein
Repp, die = Rippe
reppe = bewegen
reskiere = riskieren, wagen
resolut = energisch
retour = zurück
Rhenaniapeärd, dat = Kaltblüter, Zugpferd
Rhien, dä = Rhein
Rich, dä = Richard
rie'e = reiten
Rieet, dä = Riss, Ritze
Rief, die = Reibe
riek = reich
rieke = reichen, anreichen
Rieke, dä = Reiche
riep = reif

Riep, dä = Reifen
riesele = fallen
riete = reißen
Rievkock, dä = Reibekuchen
riewe = reiben
Riewieser, dat = Reibeisen
Riis, dä = Reis
Riiser, die = Reiser
Rinn, die = Rinne, Abfluss, Regenrinne
rist = abrinnen, abrieseln
Röbb, dä = Robert
Robbespiär, dä = Buchfink
Röböel, dat = Rüböl
Röck, dä = Rücken
Röckstöck, dat = Fleischart
Röckstrank, dä = Rückgrat
Röddele, die = Röteln
röddele = rütteln
rodele = rodeln
Rodongkock, dä = Rodonkuchen
röesig = rasend, übermütig
röesije Bessem = rothaarige Person, aufsässige Person
Röetsel, dat = Rätsel
röich = ruhig
rökere = räuchern
Rökes, dat = Räucherkammer
Roll, die = Rolle
rolle = rollen
Rölleke, dat = Röllchen
röm on töm = rundum
Romelasse, die = Rettiche

Rommelspott, dä = Lärminstrument
Romp, dä = Strickjacke, Weste, Jacke
Rompelkaamer, die = Rumpekammer, Abstellkammer
Römpke, dat = Strickjäckchen
ronger = runter
ronk = rund
Ronkelröv, die = Runkelrübe
Ronkelsröiv, die = Runkelrübe
Rööb, die = Rübe
rooene = raten
rooensam = ratsam
Rooes, dä = Rost
rooestig = rostig
Rooet, dä = Rat
Rooethuus, dat = Rathaus
Rooetsheär, dä = Ratsherr
Rook, dä = Rauch
Roop, dä = Ruf
rope = rufen
rosarisch = rosa
Röschenhauer, dä = Strassenkehrer, Vielfraß
Rosinepottweck, dä = Weissbrot mit Rosinen
röstich = rüstig
Rötsch, dä = Rutsch
rötsche = rutschen
Rotz, dä = Nasenschleim, Abfall, Minderwertiges
Rotzije, dä = junges Kind

Rotznaas, die = tropfende Nase, unreifer Junge
Rouh, die = Ruhe
Röv, die = Rübe
rubbeldidup = Schallwort, schnell
rubbele = poltern, abreiben
rüeme = räumen
Rüer, dat = Rohr
rüever = rüber
rühres = beinahe
Rull, dä = Rudolf
Rumelasse, die = Meerrettich
rumelastich = unbehaglich
rummelastig = unwohl
ruode Kappes, dä = Rotkohl
Ruos, die = Rose
Ruosekranz, dä = Rosenkranz
Ruppdich = im Nu
Ruppenduppes, dä = Kleinkind, Kriechkind
ruppig = frech
Rütterkes, die = Speckstückchen, Speckwürfel
Ruuem, dä = Raum
ruuet = rot
ruuke = riechen
ruuke = rauchen
Ruup, die = Raupe
ruusche = rauschen
Ruut, die = Fensterscheibe, Scheibe
Ruutesprenger, dä = Spielkreisel, Kreisel

S

Saak, die = Sache
saare = sagen
Sääsch, die = Säge
Sabbel, dä = Geschwätz
sägge = sagen, sprechen
säje = sägen
Sällef, dat = Salbei
Salt, dat = Salz
Salv, die = Salbe
Sammert, dä = Samt
Sammertweäwer, dä = Samtweber
Samsdach, dä = Samstag
Samsdag, dä = Samstag
samsdes, et = samstags
Sank, dä = Sand
Sankert, dä = Bruchgelände
Sankmänneke, dat = Sandmännchen
Sankskull, die = Sandgrube, Kiesgrube
Sänktekuoß, dä = weichlicher Mensch

saperluot | scheäl Üll

saperluot = Ausruf des Erstaunens
Sarchnarel, dä = Zigarette
säss = sagst
sät = sagt
Satäng, dat = Atlaßseide
schaame = schämen
Schaap, dat = Wandbrett, Stellage
schaare = scharren
Schaav, dat = Krauthobel, Schaber
Schaavspöen, die = Hobbelspäne
Schabau, dä = Branntwein, Schnaps
Schabäuke, dat = kleines Schnäpschen
Schabbes, dä = Sabbat
schäbbich = schäbig, unschön
Schabbo, dat = Hemdenkrause, Blusenkrause
Schackau, dä = Schilfrohr
schad = schade, bedauerlich
Schad, dä = Schaden
Schaffou, dä = Wirsing
Schakard, dä = Jacquard, Stoffart
Schakardstohl, dä = Jaquardmaschine, Webstuhl
Schal, die = Schale
Schall, die = Riegel, Schieber
schälle = schälen
Schallek, dä = Schürze mit Brustlatz

Schällmetz, dat = Schälmesser
Schamde, die = Scham
schame = schämen
Schamuo, dä = besonderer Stoff
Schandal, dä = Lärm, Geschrei, Streit
Schandärm, dä = Gendarm, Polizist
Schang, dä = Jean
Schäng, dä = Johann
schänge = schimpfen
schangig = verdorben
Schangs, die = Gelegenheit, Chance
Schanier, dat = Gelenk, Scharnier
Schäpp, die = Kelle, Milchtopf mit Griff
Scharlott, die = Zwiebel
schärp = scharf
schärpen Hahn, dä = Schürzenjäger
Scharutt, dä = Schornsteinfeger
Schäselong, dat = Sofa, Liege
schasse = fortjagen, absetzen, entlassen
Schauter, dä = schalkhafter Mensch, Spaßmacher, Angeber
Schav, die = Schabe, Krauthobel
Schavvou, dä = Wirsing
scheääse = fahren
scheäl = schielend, scheel
scheäl Üll = Schimpfwort, Schielende/r, Unaufmerksamer

Scheäle — schirpe

Scheäle, dä = Schielender
Scheäs, die = zweirädriger Wagen, altes Fahrzeug
scheäse = sausen, flott fahren
scheck = chic
Scheck, dä = Schick
schecke = schicken
schecke = schicken, senden, sich benehmen
Scheei, die = Scheitel
Scheerbreef, dä = Scherbrief als Anweisung für den Weber, Arbeitsanweisung
Scheermüske, dat = junge Schererin
Scheerrahm, dä = Scherrahmen
scheete = schiessen
Schei, die = Brillenetui
Sche-i, die = Scheitel
Scheld, dat = Schild
Schelderhuus, dat = Schilderhaus, Wachhaus
Schelee, dä = Gelee
Schellejönke, dat = Messdiener
Schellekes maake = Klingelstreich
Schellemännke, dat = Messdiener
Schellemännke maake = klingeln
Schellequärk, die = Türsprechanlage
Schemisettsche, dat = Drapierung, Vor-Hemdchen
schenge = schimpfen
Schenie, dat = Genie
scheniere = genieren, schämen
schenierlich = peinlich, unangemessen
Scheniljedöckske, dat = Garntuch
Schenk, dä = Schinken
Schennmär, die = Schindmähre
Schennooes, dat = heller Kopf, Schindluder, listiger Mensch
Schepp, dat = Schiff
Scheppke, dat = Schiffchen
Scheresche, die = Schererin
Scherv, die = Scherbe
schibbele = ruckhaft schieben, heftig lachen
schieef = schief
Schien, dä = Schein, Geldschein, Lichtschein
schiene = scheinen
schienhellich = scheinheilig
Schier, die = Schere
Schiereschlieper, dä = Scherenschleifer
Schiev, die = Scheibe
Schieweeärpel, die = Scheibenkartoffeln
schinant = peinlich
Schinnooes, dat = Durchtriebener
schint = scheint
schirpe = schirpen

Schlaat, dä = Salat, Kartoffelsalat
Schlaatefex, dä = Schlaumeier, Taugenichts
Schlaatevurel, dä = Schlauberger
schlabbere = verschütten
Schlabberjuks, dä = dünne Suppe
Schlabberlätzke, dat = Brustlätzchen, Lätzchen
Schlabberschnuut, die = geifernde Person, Vielredner
Schlagdubbel, dä = langaufgeschossener Mensch
Schlagkaar, die = Ziehkarre
Schlammassel, dä = Durcheinander, Unglück
Schlang, die = Schlange
schlapp = schlaff, schwach
Schläpp, die = Schleppe
schlapp maake = die Webstuhlkette entspannen
schlare = schlagen
Schlawiener, dä = Schlaumeier
Schleäjerkapp, die = Mütze
Schleck, die = Schnecke
Schleck, dä = Schluckauf
Schleck en de Küüte = müde Beine, betrunken sein
schleit = schlecht
Schleite, die = Schlechte
Schleng, die = Schlinge
schlenge = schlingen
Schlengerdrooeht, dä = unregelmässiger Querfaden, Eisen- und Strassenbahn
schlenkere = schlenkern
Schlepp, die = Schleppe
schleppe = schleppen, tragen, abmühen
schlie'e = schlindern
Schliebahn, die = Schlinderbahn, Eisbahn
schlieeke = schleichen
Schliekefänger, dä = Gewitzter, Durchtriebener
Schliem, dä = Schleim
Schliep, die = Schleife, Schleiferei
schliepe = schleifen, einen trinken
schlii-e = schlittern
Schlippstieen, dä = Schleifstein
Schlock, dä = Schluck
schlocke = schlucken
Schlodergahn, dä = Langsamer
Schlöeperkes, die = Blumen, Winden
Schlomm, dä = Arbeitsschürze, Halbschürze
Schlonk, dä = Nimmersatt
schlonke = schlingen
Schlonz, die = Gewebefehler, Schlampe
Schlonznold, die = Sicherheitsnadel
Schlooep, dä = Schlaf

schlooepe — schmöcke

schlooepe = schlafen
Schlooepledsche, dat = Schlafliedchen
Schlooepmimm, die = schläfrige Person
Schlooepmütsch, die = Nachtmütze, Schläfriger
Schlooet, dat = Schloss
Schloot, dä = Esse, Schimpfwort
Schlöperkes, die = Winden
Schlopp, die = Schlaufe
Schlot, die = verschlammtes Gewässer
Schlüetel, dä = Schlüssel
Schlüetelslook, dat = Schlüsselloch
Schlüetelsräckske, dat = Schlüsselbrett
Schlüetelsräkske, dat = Schlüsselbrett
Schluff, dä = Hausschuh, Krefelder Eisenbahn, harmloser Mensch
schluffe = schleifend gehen
Schluffekino, dat = Fernsehen
schluuke = schlecken
schluute = schliessen
Schluutmang, die = Schliesskorb
Schmaak, dä = Geschmack, Genuß
schmaake = schmecken
Schmacht, dä = Hunger, Kohldampf
schmackes = forsch, mit Schwung, nachdrücklich
Schmalt, dat = Schmalz
Schmärlapp, dä = Schmutzfink, schmutziger Mensch, Bösartiger
Schmeär, dä = Schmutz
schmeäre = schmieren, ölen
schmeärig = schmutzig
Schmeärlapp, dä = Küchenlappen, Bösartiger
Schmeärsieep, die = Schmierseife
Schmeck, die = Peitsche
Schmecklecker, dä = Genußsüchtiger
Schmedd, dä = Schmied
schmeddwëäg = einen Steinwurf weit
schmelte = schmilzen
schmenke = schminken
Schmetz Backes, dat = Schmitzens Backhaus
Schmieele, die = hohes Gras, Grasart
Schmielendrieter, dä = Heimtücker
Schmielenkränzke, dat = Glaskränzchen
schmiete = schmeissen
schmirjele = schmirgeln
schmispele = schmausen
schmocke = rauchen
schmöcke = schmücken

schmörmelich — Schnuuvtebak

schmörmelich = unsauber, schmuddelig
Schmus, dä = Schmeichelei, Anbiederei
schmuse = umwerben, schmeicheln, kosen
Schnaak, dä = Schalk
Schnaak, die = Stechmücke
Schnäbbel, die = Schnabel, Vielsprecherin
Schnapsnas, die = Trinker, Säufer
Schnäuz, dä = Schnurrbart
schne-e = schneien
schneet = schneit
Schnibbel, dä = Schnipsel
schnibbele = schnipseln
Schnibbelskock, dä = Pfannkuchen aus rohen Kartoffeln
schnie'e = schneiden
Schnieder, dä = Schneider, Ungeziefer, verspanntes Blech
Schniee, dä = Schnee, Schnitte
Schnieeblenge, dä = Schneeblinder, Nichtswisser
Schnieeschöpper, dä = Schneeschieber, Schimpfwort
schnieewitt = schneeweiss, blendend weiss
schnippich = spitz, frech, hochnäsig
Schnirp, die = naseweises Mädchen, vorlaute Person
Schnirp, dat = hochmütiges Frauenzimmer
schnöbbe = naschen
Schnobbel, dä = abgerissener Lappen, Gesinnungsloser, Lump
schnobbele = ergattern, erschleichen
schnobbelig = ungehörig, lumpig
Schnobbelsjong, dä = kleiner Junge
Schnöbberee, die = Leckerei, Naschzeug, Süssigkeit
Schnock, dä = Hecht
schnöffele = schnüffeln, beriechen
schnöive = erkunden
schnöppe = naschen
Schnöppnaas, die = Naschhafter, Naschsüchtiger
Schnüesel, dä = unreifer Bengel
Schnüffke, dat = Prise, Schnupftabak, Geruchsprobe
Schnuut, die = Schnauze, Mund, saures Gesicht
Schnuuteklempner, dä = Zahnarzt
Schnuutezupp, die = saures Gesicht, Mißfallen
Schnuuvdock, dat = Taschentuch
Schnuuvtebak, dä = Schnupftabak

schnuuwe — Schöttelsplack

schnuuwe = Nase putzen, schnäuzen
Schobbe, dä = Schoppen, Getränkemaß
Schobbesmull, die = grosser Mund
Schockel, die = Schaukel
schockele = schütteln, schaukeln, rütteln
Schockelpeärd, dat = Schaukelpferd
schödde = schütten
Schöddel, die = Schüssel
schöddele = schütteln
Schöddelsplack, dat = Spüllappen
schö-e = scheuen
schöi = scheu
Schoklad, die = Schokolade
Schold, die = Schuld
Scholder, die = Schulter
schöldig = schuldig
Schöldigkieet, die = Schuldigkeit, Versprechen
Scholek, die = kleine Schürze
Scholl, die = Schule
Scholli, dä = Freund
Schollieehrer, dä = Lehrer
Scholljong, dä = Schüler
Schollmiees, die = Schulmesse
Schollsaakes, die = Schulaufgaben
Scholltiet, die = Schulzeit
Scholltüt, die = Schultüte, Gabe zur Einschulung
schonkele = schunkeln
Schooep, dat = Schaf
Schooepstall, dä = Schafstall
Schopp, dä = Schuppen, Anbau, Werkstatt
Schöpp, die = Schaufel, Spaten, Gesichtsausdruck
Schöppembuor, dä = Spielkarte
Schöppestieel, dä = Schaufelstiel
Schöppke, dat = Schäfchen, kleine Schaufel
Schöppkeswolke, die = dünne, weiße Wolken (Cirruskumulus), Schäfchenwolken
Schöppleäpel, dä = Schöpflöffel
Schoppsküetel, dä = Schafmist
Schopskält, die = Kälteeinbruch
Schorestieen, dä = Schornstein
schörje = schürgen, fahren
Schörreskaar, die = Schubkarre
Schorsch, dä = Georg
Schorzeneere, die = Schwarzwurzel
Schossee, die = Landstrasse
Schothfell, dat = Schürze
Schottel, die = Schüssel
Schottelschaap, dat = Schüsselregal
Schöttelsplack, dat = Spültuch

Schöttjlas   **Schuhnsleäpel**

Schöttjlas, dat = Schussglas, Vergrösserungsglas, Trinkgefäß
Schöttspoul, die = Schießspule, Weberschiffchen
Schötz, dä = Schütze
Schötzefess, dat = Schützenfest
Schötzeküenich, dä = Schützenkönig
Schötzezoch, dä = Schützenzug, Schützenumzug
schrabbe = schaben
schrappe = raffen, sammeln
Schrapphex, die = geizige Frau
Schrappnell, die = Geldgierige, geizige Frau
schratele = durcheinander schreien
Schreckschruuv, die = Schreckschraube, ungeniessbare Person, unsympathische Person
Schreckschuhn, die = Schlittschuhe
Schreff, die = Schrift
schrefflech = schriftlich
schrei'e = schreien
Schrett, dä = Schritt
schrettwies = schrittweise
Schriener, dä = Schreiner
schriewe = schreiben
Schriewes, dat = Schriftstück, Brief

Schriff, die = Schrift, Handschrift
schrifflech = schriftlich
Schrooem, dä = Schramme, Hautriss, Kratzer
schröppe = schröpfen, abkassieren
schrubbe = scheuern
Schrubber, dä = Scheuerbesen
Schrüffke, dat = Schräubchen
Schrupp, dä = Spatz
Schrürke, dat = Schräubchen
Schruut, die = Truthenne, aufgedonnerte Frau
Schruuthahn, dä = Truthahn
Schruuv, die = Schraube
schruuve = schrauben
schubbele = kratzen, reiben
schubbse = schieben, stossen
schuddere = schaudern
schüen = schön
Schüer, die = Scheune
Schüerendrescher, dä = Knecht, Arbeiter in der Landwirtschaft
Schüerepooert, die = Scheunentor
Schuffel, die = Gartengerät
schuffele = Erde auflockern, Unkraut jäten
Schuhn, dä = Schuh
Schuhnskartong, dä = Schuhkarton
Schuhnsleäpel, dä = Schuhlöffel, Schuhanzieher

Schuhnsmäeker, dä = Schuster
Schuhnsreem, dä = Schuhriemen
schüme = schäumen, aufbrausen
Schümke trekke = Schaum saugen
Schümmel, dä = Schimmel
schummele = täuschen, betrügen
Schümmleäpel, dä = Schaumlöffel
Schunslapp, dä = Schuhsohle, Einlegesohle, Strumpfersatz
Schuor, die = Schauer
Schuorbläk, dat = Scheuerblech
schuore = scheuern
Schuorsank, dä = Scheuersand
Schuppo, dä = Schutzpolizist
schure = scheuern, kratzen
schürje = schieben, herumfahren
Schürjskaar, die = Schubkarre
Schürjsweäg, dä = Schiebweg
Schuuer, die = Schauer, Regenschauer, Schauder
Schuum, dä = Schaum
schuwe = schieben
schwaade = schwatzen, erzählen
Schwaadlapp, dä = Schwätzer, Maulheld, Vielredner
Schwaadrämke, dat = Oberlicht, kleines Haustürfenster
Schwaat, die = Schwarte, Kopf
schwabbelig = flau, wackelig
Schwadronör, dä = Redseliger
Schwalg, dä = russiger Qualm
Schwälv, die = Schwalbe
schwart = schwarz
Schwartkopp, dä = Singvogel
schwatt = schwarz
Schweäjersche, die = Schwägerin
Schweär, dä = Geschwür, Hautkrankheit
Schweävel, dä = Schwefel
schweäwe = schweben
Schweejerdauter, die = Schwiegertochter
Schweejersuohn, dä = Schwiegersohn
Schwemmbad, dat = Schwimmbad
schwemme = schwimmen
Schwibbes, dä = Suitbertus
Schwieet, dä = Schweiss
schwieete = schwitzen
Schwieetpüet, die = Schweissfüsse
schwieje = schweigen
schwiemele = Nachts tüchtig trinken, heimlich saufen
Schwiemeler, dä = kräftiger Zecher
Schwippert, dä = Modejeck
Schwippje, dä = Stutzer, Aufscneider, leichter Vogel
Schwippschworer, dä = Bruder des Schwagers
Schwisske, dat = Zweigbündel, Sträusschen

Schwitt, dä = Gefolge, Gruppe
Schwittjee, dä = Leichtsinniger
schwor = schwer
Schworer, dä = Schwager
Schwulität, die = Beklemmung, Not
schwuppdich = Ausruf
se = Sie
Seäch, die = Säge
seäje = sägen
Seäje, dä = Segen
seäjene = segnen
seäs = sechs
seäß = sechs
Seäß, die = Riss im Stoff
seäßhongert = sechshundert
seäßontwentig = sechsundzwanzig
Seef, die = Josefine
Seekschöpp, die = Jaucheschöpfer
Seekschöpper, dä = Jaucheschöpfer, Jaucheeimer
Seektonn, die = Jauchefass
Seih, dat = Durchschlag, Sieb
seihe = sieben
seit = sagte
Sejel, dat = Segel
sejele = segeln
selde = selten, rar
Seldene, dä = Aussenseiter, Seltsamer, komischer Vogel
Selderschwaater, dat = Selterswasser, Mineralwasser

Selfkant, die = Gewebeende
Selfkantekooß, dä = Hausschuh
Selfkanteschluff, dä = Hausschuh, Pantoffel
sellig = selig
Selters, dat = Mineralwasser
Selver, dat = Silber
selverich = silbrig
selvs = selbst
Selvskanteschluff, dä = Pantoffel
send = sind
senge = singen
Sengsele, die = ausgebrannte Kohlen, Asche, Schlacke
sengt = sanft
Senk, die = Senke, Abfluss
senke = sinken
senkt = sanft
Senn, dä = Sinn
sennich = besinnlich, nachdenklich
sessich = sechzig
sesstehn = sechzehn
Sett, dä = Sitz
Settche, dat = Lisette
sette = sitzen
Settesplank, dat = Sitzbrett am Webstuhl, Webbank
Settflieesch, dat = Sitzfleisch, Beharrlichkeit, Ausdauer
sech bichte = beichten
sech lägge = legen
sech plooere = beeilen

sech reäste = ausruhen
Sie, die = Seide
Sie, die = Seite
sieehn = sehen
Sieek, die = Jauche
sieeker = sicher
sieeker dat = sicherlich
Sieeknöngel, dä = Seidenfadenknäuel
Sieeksempel, dä = Ameise
Sieel, die = Seele
Sieel, dat = Seil
sieelang = seitenlang
Sieelewärmer, dä = wollenes Leibchen
Sieelsprenge, dat = Seilspringen, Seilchen springen
sieen = sein
sieene = sähen
Sieep, die = Seife
Sieepebäkske, dat = Seifenschale
Sieepeblooes, die = Seifenblase
Sieepeluoch, die = Seifenlauge
Sieewäwernarel, dä = Daumennagel des Seidenwebers
sieewe = sieben
Sieewéäwer, dä = Seidenweber
Sieewenk, dä = Seitenwind
sieewenteen = siebzehn
sieewenzech = siebzig
Sieewer, dä = Seiber, Geschwätz
sieewere = schwätzen, geifern

Sieewersack, dä = Schwätzer, Oberflächlicher
sieker = sicher
Sieknöngel, dä = Seidenabfall, Seidenknäuel
Siep, die = triefender Regen, Dauerregen
siepe = stark regnen
Siepebäckske, dat = Seifenbehälter
siepenaat = durch und durch nass
Siepnaas, die = Tropfnase
si-ewe = sieben
Sieweäwer, dä = Seidenweber
siewere = sabbern, geifern, Quatsch erzählen
Simm, dä = Simon
simmeliere = sinnieren, nachdenken, vortäuschen
Simp, die = Mine, Gesichtsausdruck
sin = sein
sinne = seine
sinnetweäje = seinetwegen
So'et, die = Saat
Sock, dä = Socke
socke = laufen, schlendern
söcke = suchen
Sockeburg, die = Wohnung eines Krefelder Strumpffabrikanten
Soffi, die = Sofia
söit = süss

söite Dier   **Spenneflecker**

söite Dier, dat = nettes Mädchen
Soldateknuop, dä = Klette
Söller, dä = Speicher
Söllerjieet, die = verklemmte Person
Söllerkaamer, die = Speicherzimmer
Somp, dä = Sumpf, Morast
Sömpke, dat = kleiner Sumpf
Söng, die = Sünden
Sonn, die = Sonne
Sonndachsjemöit, dat = Frohgemüt
Sonndagsstaat, dä = Sonntagskleidung, Festtagskleidung
sonndes = sonntags
sonne = so einer
sonne = sonnen
Sonnes, et = sonntags
sönnig = sonnig
sons = sonst
Sooehl, die = Sohle
Sooet, die = Saat
Sorch, die = Sorge
sorje = sorgen
spack = knapp, eng
Spält, die = Stecknadel
Spannholt, dat = Spanner am Webstuhl
Spannkooerd, die = Spannkordel, Kettenspanner
Spannreem, dä = Spannriemen, Gurt

Sparbüeßejrüemels, die = Ersparnisse
Sparduos, die = Spardose
spare = sparen
Sparjel, dä = Spargel
Sparkass, die = Sparkasse
Sparpott, dä = Spardose
spasse = spaßen
Spatt, die = Webfehler, Ungenauigkeit
Spatte, die = Webfehler
Speckschwaat, die = Speckschwarte
Specksie, die = Speckseite
Speckzaus, die = Specksosse
spekeliere = spekulieren, auskundschaften
Speklaats, dä = Spekulatius
Spekulöres, dä = Neugieriger, Topfgucker
Spelt, die = Nadel, Stecknadel
Spelteknepse, dat = Kinderspiel
Speltekőppke, dat = Stecknadelköpfchen
Speltekösse, dat = Nadelkissen
Spendierbox, die = Spendierhose, Freigebiger
spendiere = spendieren, stiften
Spenn, die = Spinne
spenne = spinnen, irren
Spenneflecker, dä = dünner Mensch, schmales Kerlchen

Spennejeäjer, dä = Kammerbesen, Desinfektor, Kammerjäger
Spenner, dä = Spinner, Fantast
Spennjewebbs, dat = Spinngewebe
spetz = spitz
Spetz, die = Spitze
Spetz, dä = Spitz (Hunderasse)
Spetzbouv, dä = Spitzbube, Betrüger
Spetzbrave, dä = Heuchler
Spetzbuev, dä = Spitzbube
Spieejel, dä = Spiegel
Spieek, die = Speiche
spieele = spielen
Spier, die = aufkeimender Halm, Kleinigkeit
Spies, dä = Speis, Durcheinandergekochtes
Spill, dat = Alteisen
spinze = lauern, aufpassen
splendit = freigebig, spendabel
Splent, dä = Splint
Splenter, dä = Splitter
splettere = splittern
spliete = spleissen
spöe = spucken
Spoen, dä = Span
Spöen, die = Streichölzer
Spöi, dä = Spucke, Minderwertiges
Spöil, dä = Spülgut
Spöilback, dä = Spülschüssel

spöile = spülen
Spöilkomp, dä = Spülschüssel
Spöilwaater, dat = Spülwasser
Spolan, dä = Spuljunge
Spönnche, dat = Streichholz
Spons, dä = Schwamm
Spörkel, dä = Monat Februar
spött = es spritzt, es gießt
Spoul, die = Spule, traditionelles Gasthaus der Weber
Spoulan, dä = Spuljunge, Weberlehrling
Spoulbrett, dat = Brett für die Spulen
Spouljeld, dat = Taschengeld
Spouljong, dä = Spuljunge, Weberlehrling
Spoulrad, dat = Spulrad
spreäke = sprechen
Sprei, die = Bettspreite, Überwurf, Tagesdecke
sprenge = springen, sprengen
Sprijitzke, dat = Unüberlegtes, Wagnis, Streich
Sprijitzkes, die = lustige Einfälle
spröhe = sprühen, berieseln
Sprong, dä = Sprung, Riss
Sprooek, die = Sprache
Sprooen, dä = Star
Sprooene, die = Stare
Sprot, die = Sprosse, Leitersprosse
SpröTte, die = Sprotten

Sprotteledder, die = Sprossenleiter
Sprüttsches, die = Rosenkohl
Spruute, die = Sommersprossen, Hautflecken
spruute = sprießen
Spruute, die = Rosenkohl
Spüek, die = Spässe, Unsinn, Streiche
Spüek maake = Streiche machen
Spüet, die = Spritze, Giesskanne
spüete = spritzen, matschen
Spünske, dat = kleines Spültuch
Spuok, dä = Spuk, Gespenstiges
Staak, die = Stange
Staakebuohn, die = Stangenbohne
Staat, dä = Stattlichkeit
staats = fein gemacht, gut angezogen
stabeliert jeck = total verrückt
Stadthuus, dat = Rathaus
Stallhas, dä = Kaninchen
Stalp, dä = schwere Arbeit, Anstrengung
stalpe = stolpern, schwer arbeiten
stamele = stammeln, verworren reden, stottern
stämme = stemmen, hochheben
stampe = stampfen
Stampzucker, dä = Puderzucker
standäftig = grundsolide
Stang, die = Stange

Stangkett, dat = Geländer
stank = steh
stapeljeck = total verrückt
stärk = stark
Stärk-Hermes, dä = Aufschneider, Angeber
statse Dier, die = prächtiges Mädchen
Staziu-en, die = Station
steähle = stehlen
Steäk, dä = Stachel
Steäkbier, die = Stachelbeere
steäke = stechen
steäkenalt = stockalt
Steär, dä = Stern
Steärekieker, dä = Sternengucker, Träumer
steärekloor = sternenklar
steärevoll = sturzbetrunken
Steärke, dat = Sternchen
Steärt, dä = Schwanz
Steärz, dä = Schwanz
Steck, dä = Stock, Knüppel
Steckepeärd, dat = Steckenpferd, Hobby
Steckerling, dä = Stichling
Steckhoss, dä = Stickhusten
Steckröv, die = Steckrübe
Steefkenk, dat = Stiefkind
Stef, dä = Priem, Kautabak
Steff, dä = Stefan
Steff, dä = Stift
stell = still
Stellingske, dat = Krankenstuhl

Stellmoos, dat = Stielmus, Rübstielgemüse
Stelze, die = Stelzen
Stelze luope = Stelzen laufen
stemme = stimmen
Stempel, dä = Stuhlbein, Bein
Stempelsdörp, dat = Stadtbezirk Steckendorf
Stenkbüll, dä = Stinkender, ungepflegter Mensch, Stinkbeutel
stenke = stinken
Stenkkiees, dä = Limburger Käse, Mainzer Käse, Harzer Käse
stenkriek = stinkreich
Stenkstieevel, dä = unangenehmer Mensch, Fiesling
Stenkstudent, dä = Tagetes
Stenz, dä = eitler Geck
sterve = sterben
Stervelaar, die = Sterbekasse
Stervenswörtche, dat = Sterbenswort
Stibiffke, dat = Melone, steifer Herrenhut
stibitze = stehlen, wegnehmen
Stickschött, dat = Spule zum Mustern
stieeht = steht
Stieel, dä = Stiel
Stieen, dä = Stein
Stieewel, dä = Stiefel

Stief, die = Steife, Tapetenkleister
stief = steif
stief halde = nichts anmerken lassen
stiefstaats = hochvornehm, herausgeputzt
stiepe = herausstecken, vorzeigen
Stier, die = Stirn
stiew = steif
stiewe Böckem, dä = Ungelenkiger
stiewe Ries, dä = Reisgericht
stiffte jooen = weglaufen, laufen gehen
stikum = heimlich
Stina, die = Christine, Kegelfigur
Sting, die = Christine
Stinknellekes, die = Tagetes, Stinkstudenten
Stipp, die = Eile
stippe = eintauchen
Stissel, dä = störrischer Mensch
Stöck, dat = Stück
Stockfärv, die = Kitt, Fensterkitt
Stockruos, die = Stockrose, Malve
Stockviuol, die = Goldlack
Stoffel, dä = Dummkopf, Unbeholfener
Stöffer, dä = Handfeger, Handbesen

Stohl, dä = Stuhl, Webstuhl
Stohljang, dä = Verdauung
Stolzpuckel, dä = Eingebildeter
stomm = stumm
Stomp, dä = Rest, Stumpf, Stück
stomp = stumpf
Stömpke, dat = Stummel
Stond, die = Stunde
stondelang = stundenlang
stondsfoot = stehenden Fußes, sofort, direkt
stonge = standen
stonk = stank
Stooehl, dä = Webstuhl
stooehn = stehen
Stooetappel, dä = Kürbis
Stooev, dä = Staub
Stopp, dä = Stopfen
stoppe = stopfen
Stoppfärv, die = Kitt
Stoppjaare, dat = Stopfgarn
Stoppnold, die = Stopfnadel
Strang häbbe = Respekt haben, fürchten
Strank, dä = Strand, Strang
Streckstromp, dä = Strickstrumpf
Streuengelke, dat = weißgekleidetes Mädchen
Streuselkock, dä = Streuselkuchen
stribitze = stehlen, wegnehmen
Strickspooen, dat = Streichholz

strie'e = streiten, auseinandersetzen
Strieek, dä = Streich
strieepedütsch = schlechtes Deutsch
Stri-ek, dä = Streich
strieke = streichen, streicheln
Striep, dä = Streifen
Striet, dä = Streit
Strieet stooeke = Händel suchen, Streit anzetteln
Strietstooeker, dä = Streitsüchtiger
strizze = stehlen, wegnehmen
ströi'e = streuen
Stromp, dä = Strumpf
Strompweäwer, dä = Strumpfweber
Stronzbüll, dä = Aufschneider, Prahlhans, Angeber
stronze = angeben, aufschneiden, prahlen
Stronzlapp, dä = Kavalierstuch
Stronzläppke, dat = Einstecktüchlein
Strooehle, die = Strahlen, Ort Straelen
Strooel, dä = Strahl
Strooet, die = Strasse
Strooetebraak, dä = Strassenjunge
Strooetefleäjel, dä = Strassenlümmel, Strassenjunge
Strooev, die = Strafe

strooeve = strafen
strooewe = strafen
Stropp, dä = Schlinge, Aufhänger, kleines Kind
ströppe = Schlinge legen
strubbelig = struppig
Strüeh, dat = Stroh
Strüehpopp, die = Strohpuppe, Dachisolierung
Strü-ehwösch, dä = Strohwisch
Strüep, die = streunende Person
strüepe = streunen, herumlungern
Strüeper, dä = Herumstreunender
Struuk, dä = Strauch, Busch
Struukbuohn, die = Strauchbohne
Stübbes Kull, die = Ortsbezeichnung
stucke = stauchen, stossen, angeben
Stüer, die = Steuer, Lenkrad
stüere = stören
Stuot, dä = Stoss
stuote = stossen
Stuov, die = Stube
Stupp, dä = Bordstein
stupp = stumpf
stüppe = kürzen, beschneiden, stutzen
Stür, die = Vergängliches
Stuss, dä = Quatsch, Unsinn
stüte = prahlen, angeben

Stüttsche, dat = Rosinenbrötchen
Stuuke, die = Hosenbeine
stüvvt = staubt
stüwe = stauben
sües = sonst
Süester, die = Schwester, Nonne, Krankenschwester
Süll, die = Säule
süme = säumen
suo = so
suo on suo = so und so
Suohn, dä = Sohn
suoleäwe = zeitlebens
suoleäwe net = niemals
Suomer, dä = Sommer
Suomerdaach, dä = Sommertag
Suomerfierije, die = Sommerferien
Suomerkermes, die = Sommerkirmes
suomerlech = sommerlich
Suomersprotte, die = Sommersprossen
suor = sauer
Suorbrenne, dat = Sodbrennen
Suorbrooede, dä = Sauerbraten
suore Kappes, dä = Sauerkraut
suotusägges = sozusagen
Süper, dä = Säufer, Trinker
superklock = überklug
Superklocke, dä = Besserwisser
süsse = siehst du?
Suum, dä = Saum
süüme = säumen

suupe = saufen	**Süverbooem**, dä = Säuberbogen, Kontrollpapier
Suuperee, die = Sauferei	**Sweeter**, dä = Strickjacke
Suupsack, dä = Trinker	
Süüwersteck, dä = Säuberstock	

T

taam = zahm
Taaß, dä = Hintasten
taaste = tasten
Taat, die = Torte
Tabelett, dat = Tablett
Tabelett, die = Tablette, Arznei
Tabell, die = Tabelle
tachele = ohrfeigen
Tacheles spreäke = die Wahrheit sagen, deutlich reden, ohne Umschweife zur Sache kommen
Tack, dä = Zweig, Ast
tagge = zanken
Tälch, dä = Zweig
tälle = zählen
Talü, dä = Graben neben der Landstrasse
Tang, die = Zange
Tank, dä = Zahn
Tankping, die = Zahnschmerzen
Tant, die = Tante
Tanteskenk, dat = Nichte, Neffe
Tap, dä = Kehlkopf, Zäpfchen

Tap strieke = den Kehlkopf massieren, genußvoll etwas trinken
Tapieet, die = Tapete
tärje = ärgern, quälen
Tärjer, dä = Ärgerer
Täsch, die = Tasche
Täschendock, dat = Taschentuch
Tass, die = Tasse
Tau, dat = Strick
Tau, dat = Webstuhl
Taubocks, die = Arbeitshose
Taubox, die = Arbeitshose
te = zu
teäje = gegen
Teäjendieel, dat = Gegenteil
teen = zehn
teendusend = zehntausend
Teenures, die = Zehnuhrsmesse
teere = teeren
Teerjeld, dat = Zehrgeld
Telch, dä = Zweig
telwere = ausbreiten
Tent, die = Tinte
Tentefaat, dat = Tintenfaß

Tep — trampele

Tep, dä = Tipp
tepass = gelegen
teppe = tippen
Teppelbrooer, dä = Tippelbruder, Wandergeselle
tepse = tippsen
terje = ärgern, piesacken
Termöll, dä = Tumult
Tersett, dat = Mietparteien
tesame = zusammen
Thieek, die = Theke, Ladentisch
Thommes, dä = Thomas
Thön, die = Gasthaustheke
Thrieeß, die = Therese
Tichel, dä = Ziegel, Dachpfanne, Dachziegel
Tichelbäcker, dä = Ziegelbäcker
Tichele-i, die = Ziegelei
Tichelooewe, dä = Brennofen
Tichelstieen, dä = Ziegelstein
ticke = ticken, nicht richtig im Kopf
Tiee, dä = Tee
Tieef, die = resolute Marktfrau
Tieekann, die = Teekanne
Tieeke, dat = Zeichen
Tieekes, dat = Münzvorderseite
Tieeleäpel, dä = Teelöffel
Tieen, dä = Zeh
Tieenelüeper, dä = Zehenläufer
Tieetass, die = Teetasse
Tiet, die = Zeit
Tilla, dat = Mathilde
Tinef, dä = Unechtes, Tand
Tinni, die = Hubertine, Christine
tireck = sofort
Tirvel, dä = Wirbel
tommelüet = kopfüber, überschlagen
Tommelüet, dä = Purzelbaum
tömmere = hämmern
Tömmerer, dä = Zimmermann
Tömmermann, dä = Zimmermann
Tommes, dä = Thomas
Tömp, dä = Zipfel, ausragende Ecke
Tompe, die = Finger
tömpisch = ungleich
Tong, die = Zunge
Tonn, die = Tonne
Tööt, die = Kanne, Blechkanne, Ausgusstülle
tösche = zwischen
töschenduur = zwischendurch
Traatsch, dä = Gerede, Geschwätz
traatsche = dumm daherreden, schwätzen
Traatschmull, die = Schwätzerin
Trabant, dä = lebhaftes Kind
Trabante, die = unruhige Kinder
Tränklomp, dä = Holzschuh des Samtwebers
Traljes, dat = Gitter
Trampeldier, dat = ungeschickte Person
trampele = stampfen

tranzeniere = quälen, peinigen
tranzioniere = peinigen, quälen
trapiere = ertappen, erwischen
trapiere = fangen, ertappen, erwischen
Trapp, die = Treppe
Traut, dat = Gertrud
Trautsche, dat = Gertrud
Treän, dä = Pedale am Webstuhl
Treänbänkske, dat = kleine Trittbank, Hocker
treäne = treten
Treänkooß, dä = Weberstrumpf, energieloser Mensch
trebbeliere = quälen, drängen
Treck, dä = Zug, Neigung, Hang
Treck, die = Schublade
treck dän Dyk av = geh deiner Wege, hau ab
trecke = ziehen
Treckkaar, die = Ziehkarre
Trendelbox, die = Zauderer
trendele = zögern, tröngeln
Trendelfott, die = Langweiler
Trens, die = Trense
Trepp, die = Treppe
tribbeliere = drängend bitten
Triees, die = Therese
trieze = schinden
trimpele = mit Pfennigen spielen
Trina, die = Katharina
Tröen, die = Tränen
Tröet, die = Trompete, Rachen, Luftröhre
tröete = trompeten
Tröetejold, dat = Messing
tröggele = zaudern
Tröggelsfott, die = lahme Person
Tromm, die = Trommel
Tromp, dä = Trumpf
trompe = trumpfen, auftrumpfen
Trönnches, die = Tränen
Trottewar, dat = Bürgersteig
trou'e = heiraten, mutig sein
Trourenk, dä = Trauring
trück = zurück
Truffel, die = Maurerkelle
Trumm, die = Pauke
Trumm, dat = mächtiges Stück
Truos, dä = Trost
truschewies = bündelweise
Truuen, dä = Thron
Truur, die = Trauer
Truuthahn, dä = Truthahn
Truuthenn, die = Truthenne
tu vüel = zu viel
Tüch, dat = Zeug
Tuck, die = Huhn
Tückskes, die = Küken
tue Wääs, die = hochgeschlossene Weste
Tüet, die = Ausgusstülle
Tüet, die = grosse Kanne
tujliek = zugleich
tuletz = zuletzt
Tummelkies, dä = Schlitten
Tünn, dä = Anton
Tünnes, dä = Anton, Witzbold

Tunrüter, dä = Strolch
Tuon, dä = Ton
Tupass, dä = Gleichstand
tuppe = pochen, anstossen
Tuppe, dat = Kartenspiel
Tüppkes, die = Fingerspitzen
Turel, dä = Turm
Türelü, dä = eintönige Musik
tusame = zusammen
tusamejefriemelt = zusammengestellt, verbunden
tusche = tauschen
Tusnelda, die = dumme Person
Tuun, dä = Zaun

Tuut, die = Fabriksirene, Kannenausguss, Ofenrohr
twälf = zwölf
Twe'elswolke, die = Regen- bzw. Schichtwolken (Stratus)
Twe'il, dä = Aufnehmer
twedde = zweite
twenge = zwingen
twiee = zwei
Twiee-Pennings-Bröttche, dat = Zweipfennigsbrötchen
Twi-el, dä = Aufnehmer, Scheuertuch

U

Üeperke, dat = Oper
Üerzke, dat = kleiner Rest
üewerhaups = überhaupt
Üewerjeströppde, dä = Unzurechenbarer, Betrogener
üewerlegge = überlegen
üewerlooete = überlassen
ühr = ihr
Ulefränzke, dat = komisches Ornament
Üll, die = Eule
ullich = klein
ullig = klein, unscheinbar
Ullije, dä = kleiner Junge
üni = einfarbig

Uog, dat = Auge
Uohme, dä = Onkel
uohne = ohne
Uohr, dat = Ohr
Uore, die = Augen
Uorembleck, dä = Augenblick, Nu, kurzer Moment
Uoremooet, dat = Augenmaß
Uosel, dä = Not
Uosel en et Pläkske, dä = verborgene Not, verschämte Armut
uoselich = kalt, kümmerlich, ungemütlich

Uoselsweär, dat = schlechtes Wetter
Uostere, dat = Ostern
üre = grollen, traurig sein, bedauern
ürich = eigensinnig
ürich = missmutig, griesgrämig
Ürije, dä = Schlechtgelaunter
ürije Patruon, dä = Missmutiger
ürije Prumm, die = Beleidigte
Ürpott, dä = Querkopf
Urz, dä = Essensrest
Utbengel, dä = Färberknüppel
utblieve = ausbleiben, fernbleiben
utdieele = austeilen, verprügeln
utdöie = ausdrücken
utdrieve = austreiben
utfreäte = ausfressen
utfrenge = auswringen
utjeäwe = ausgeben
utjeparscht = ausgepresst
utjetuppt = ausgespielt
utklamüsere = ausdenken, tüfteln, ausfindig machen
utkloppe = ausklopfen
Utkommes, dat = Auskommen
utkuome = auskommen
utlache = auslachen
utluope = auslaufen, leerlaufen
utmaake = ausmachen, ernten, beenden
utreffele = auflösen
utrieen = auseinander, getrennt, geteilt
utriete = ausreissen
utrope = ausrufen
utschenge = ausschimpfen
utschnie'e = ausschneiden
utschödde = ausschütten
utsöcke = aussuchen
utspieele = ausspielen
utstaviere = ausstatten, einkleiden
utstrieke = ausstreichen, auslöschen, durchstreichen
Utstüer, die = Aussteuer
uttreäne = austreten, verlassen
uttrecke = ausziehen, Kleider ablegen
uttrieenposamentiere = auseinanderlegen, erklären, deuten
utvertällt = auserzählt
Utweäg, dä = Ausweg
utwendig = auswendig
Uuesel, dä = Armut, Not, Kummer
uueselich = kümmerlich, kalt
Uurfiech, die = Ohrfeige, Watsche
uutdöppe = ausschälen
uutjereffelt = auseinandergezogen
uutschnuuwe = ausschneuzen, entleeren
uutwieke = ausweichen

V

Vaader, dä = Vater
vameddach = heute Mittag
vamorje = heute morgen
van benne = von innen
van bute = von aussen
van dä Penn = abgemagert, ausser sich, nicht bei Sinnen
van de Jröet = abgemagert
van de Penn = abgemagert, ausser sich, ohnmächtig
van fäere = von weitem, aus der Ferne
van henge = von hinten
van selvs = von selbst
van vüre = von vorn
van wieem = von weitem
van witsem = von weitem
vandaach = heute
vandänn = von dannen, woher, her
vanooewend = heute abend
vanweäje = von wegen
Vatter, dä = Vater
Vazuun, die = Fasson, Form
veerteen = vierzehn
veerzich = vierzig
veletz = vielleicht
verakkediere = abmachen
verängere = verändern

verbaastert = verdutzt, überrascht, betroffen
verbelle = den Magen verderben
verbenge = verbinden
verbengele = verprügeln
verberje = verbergen, verstecken
verbie-e = verbieten
verbieestert = bösartig, beleidigt
verbimse = verhauen
verbläue = verhauen, verprügeln
verbooene = verboten, nicht erlaubt
verbruke = verbrauchen
verbubbele = versprechen, Geheimnis preisgeben
verbüre = verheben
verdeene = verdienen
verderve = verderben
verdext! = Ausruf!
verdieele = verteilen
verdöllt = verteufelt
verdommdeuvele = täuschen, beschwindeln, für dumm verkaufen
verdömpele = verdunkeln
verdrare = vertragen
verdrieehne = verdrehen
verdriewe = vertreiben
verdrüje = vertrocknen
verduon = vertun, verspielen

verhongere = verhungern
verhüere = verhören
verjeäte = vergessen
verjeäwe = vergeben
verjlieke = vergleichen
verjöcke = verschwenden, verjubeln
verjriepe = vergreifen
Verkälldechkieet, die = Erkältung
Verkälldigkieet, die = Erkältung
verkällt = erkältet
verkamesölt = verdroschen, verprügelt, verhauen
verkengscht = kindisch, senil, einfältig
verkieeke = versehen, irren
verkiehrt = verkehrt, falsch
verkimmelt = verloren, aufgegessen, verjubelt
verklappe = verpetzen
verkle 'e = verkleiden, komstümieren
verkledd = verkleidet
verkloppe = verkaufen, verprügeln
verknöngele = vergammeln, verlieren, verlegen
verknötscht = verknauscht
verknuse = ertragen
verkrooese = verkramen
verkruupe = verkriechen
Verkuemene, dä = Heruntergekommener

verleäje = verlegen
Verleäjenhieet, die = Verlegenheit
verli'ene = verleihen, ausleihen, borgen
verlieen = vergangen
verlooete = verlassen
verlu'e = verlauten
verluope = verlaufen, in die Irre gehen
Vermaak, dä = Umstände machen, Aufhebens machen, Übertreibung
vermöbele = verprügeln, züchtigen
Vermüeje, dat = Vermögen, Besitztum
vermustere = verkleiden, falsch anziehen
verpenne = verschlafen
verpooete = verpflanzen, umsetzen
verpröttsche = verkochen, verbrodeln
verratzt = verraten
verratzte = verraten, vernichten
verreäjene = verregnen
verrooene = verraten
versalte = versalzen
versaue = verpfuschen, zunichte machen, verderben
verschangeliere = verunstalten
verschlabbere = verschütten

verschlibbere = hinausschieben, verzögern
verschlieete = verschleissen
verschött = verschüttet, abhanden gekommen, weg
verschreck = erschrocken
verschrieve = verschreiben
verschrödde = anbrennen
verschrompelt = verschrumpft, faltig
verschrött = verbrannt, versengt, angebrannt
verschummelt = verloren
verschwieje = verschweigen
versöcke = versuchen, ausprobieren
verspieele = verspielen
verspreäke = versprechen
verstange = verstanden
Verstank, dä = Verstand
Verstieehsdomich, dä = Verständnis, Einsicht, Verstand
verstooen = verstehen
verstoppe = verstecken
verstorve = verstorben
verstucke = verstauchen
verstuote = verstossen, ausstossen
versümmt = versäumt
versüüme = versäumen
versuupe = versaufen, vertrinken
vertaart = verwöhnt, allzu wählerisch
Vertäll, dä = Erzählung, Gerede

vertälle = reden, erzählen
vertehn = vierzehn
vertehre = verzehren, aufessen
Vertiko, dat = Zierschrank
verträcke = umiehen
vertreäne = vertreten, Fehltritt tun
verwahre = behüten, aufheben
Verwahrscholl, die = Kindergarten, Kinderhort
verweäne = verwöhnen
verwiese = verweisen
verwongere = verwundern, wundern
vief = fünf
vier = vier
Vierdel, dat = Viertel, Wohnviertel
vierdusend = viertausend
vierhongert = vierhundert
Vijelin, die = Violine
Vijölsche, dat = Veilchen
Visaasch, die = Angesicht, Fratze, Gesicht
Visit, die = Besuch, Kaffeeplausch, Arztbesuch
vlets = vielleicht
vletz = vielleicht
von weäje = von wegen
Vöns, dä = Alfons
vörbee = vorbei
vörije = vorige
vorran = voran
vöruut = voraus

Vreed, die = Teil des Stadtwalds
Vrieed, die = Einfriedung, Zaun
Vüejel, die = Vögel
vüel = viel
vür = vor
vüran = voran
vürbeäne = vorbeten
Vurel, dä = Vogel
Vurelskau, die = Vogelkäfig
Vurelsni-es, dat = Vogelnest
vürenaan = vornean
Vürhemm, dat = Vorhemd
vürjister = vorgestern

vürkuome = vorkommen
vürmaake = vormachen, vortäuschen
Vürmeddag, dä = Vormittag
Vürnam, dä = Vorname
vürneähme = vornehmen
vürnehm = vornehm, eingebildet
vürschmiete = vorwerfen
vürwitzig = vorwitzig, vorlaut, neugierig
Vürwitznaas, die = Neugieriger, Vorwitziger

W

wa = nicht wahr
waal = doch
waasse = wachsen
Waater, dat = Wasser
Waaterback, dä = Wassergefäß, Spülstein
Waaterbackparatmaksmieester, dä = Klempner, Installateur
Waaterdropp, dä = Wassertropfen
Waaterkeätel, dä = Waserkessel
Waaterkopp, dä = Wasserkopf
Waatermotor, dä = Wassermotor
Waaterpooel, dä = Wasserlache, Pfütze, Lache

Waaterstieewel, die = Wasserstiefel, Gummistiefel
Waatertüet, die = Wasserkanne
Waaterwolke, die = Regen- bzw. Schichtwolken (Stratus)
Waaterwooech, die = Wasserwaage
wabbelich = quabelig, wackelig
Wächmasching, die = Waschmaschine
wackrich = wach, emsig
waggele = wackeln, schaukeln
wahßend = nicht geheuer, unheimlich
Waisekenk, dat = Waisenkind
Wajong, dä = Waggon

wäm

wäm = wem
Wammänner, die = Ohrfeigen, Watschen
Wank, die = Wand
Warel, dä = Wagen
wärm = warm
Wärme, dä = Schwuler
wäsche = waschen
Wäschfrau, die = Waschfrau
Wäschküek, die = Waschküche
Waschlampett, dat = Waschschüssel mit Krug
Wäschlapp, dä = Waschlappen, zaghafter Mensch
Wäschwiev, dat = Waschweib, Geschwätzige
wat = was
Watsch, die = Ohrfeige
Watt, die = Watte
weä = wer
Weäg, dä = Weg
Weäjedrieter, dä = Gerstenkorn
weäjes = wegen
Weäk, die = Woche
weäkelang = wochenlang
Weär, dat = Wetter
Weäse, dat = Wesen, Art
Weäsling, dä = unfertiger Mensch, Heranwachsender
weäwe = weben
Weäwer, dä = Weber
Wech, die = Wiege
Weck, dä = Wecken, Weissbrot
Weckpopp, die = Weckpuppe

Wenkvurel

Wee, die = Weide
Weeiwaater, dat = Weihwasser
We-ekätzkes, die = Weidenkätzchen
Weet, dat = Kind
Weet, dä = Weizen
We-ijekätzkes, die = Weidenkätzchen
Weld, dat = Wild
Well, dä = Wille
Wellem, dä = Wilhelm
Wellmot, dä = Übermut
Wellmötije, dä = Übermütiger
Wengersche, die = Winderin
Wengert, dä = Weinberg
Wengesche, die = Winderin
Wenk, dä = Wind, Furz, Hinweis
Wenkbüll, dä = Luftikus, unzuverlässiger Mensch
wenke = winken
Wenkel, dä = Kramladen, Winkel, Werkstatt
Wenkelavvekat, dä = Winkeladvokat
Wenkelswar, die = Ware aus dem Kramladen
Wenkmüehl, die = Windmühle
Wenkter, dä = Winter
Wenktergrön, dat = Efeu
wenkterlech = winterlich
Wenkterweär, dat = Winterwetter
Wenkvurel, dä = Windvogel, Drachen

Wenkvurelskoord, die = Windvogelkordel, Leine
wennich = wenig
Weppsteärt, dä = unruhiges Kind
Wepsch, die = Wespe
Werkeldaach, dä = Werktag
Werkelsdachdirijent, dä = Aushilfsdirigent
Wess, die = Weste
wessele = wechseln, die Meinung sagen
Wettfrau, die = Witwe
Wettmann, dä = Witwer
Wibbelsteärz, dä = unruhiges Kind
wicke = ausweichen
wieeh = weh
wieehduon = wehtun
wieek = weich
wieeke Bie'r, die = weiche Birne, Schwachsinniger
wieer = weiter
Wieert, dä = Wirt
Wieertschaff, die = Gastwirtschaft, Restaurant
Wieertsfrau, die = Wirtin
Wieertslüh, die = Wirtsleute, Gastgeber
Wieet, dä = Wissen, Kniff
wieete = wissen
Wiemele, die = Johannisbeeren
Wiemeleschnaps, dä = Johannisbeerschnaps
Wiemelestruuk, dä = Johannisbeerstrauch
Wien, dä = Wein
Wienbuur, dä = Weinbauer, Winzer
wier = weiter, wieder
wierjeäwe = wiedergeben, zurückgeben
wierkrieje = wiederbekommen, zurückbekommen
wierkuome = wiederkommen
wies = weise
Wiese, dä = Schlaumeier
wiese = weisen, zeigen
wiese Fuobes, dä = Schlaumeier
Wiesekenk, dat = Waisenkind
Wieser, dä = Uhrzeiger
Wieshieete, die = Weisheiten
wiesmaake = weismachen, vortäuschen
wiet = weit
Wi-et, dä = Weisheit, Wissen, Lösung
Wiev, dat = Frau, Weib
Will, dä = Wilhelm, Willi
Wipp, die = Wippe, Schaukel
Wippnäske, dat = Kaninchen
Wippsteärz, dä = Bachstelze
wirke = arbeiten
Wirker, dä = Arbeiter
Wirksbaas, dä = Arbeitswütiger
Wirkspeärd, dat = Arbeitspferd, Schwerarbeiter
Wisch, dä = Schriftstück

Wiß, dat = Louise
Witsch, die = Weidenrute, biegsame Rute
witt = weiss
witte = kälken, tünchen, weissen
witte Sonndag, dä = Weisser Sonntag, Erstkommuniontag
Wittekappes, dä = Weisskohl
Wittkwass, dä = kräftiger Pinsel, Quaste zum Weissen
Wixbüerschel, die = Wichsbürste, Schuhputzbürste, Einkrembürste
woangersch = woanders
Wöer, die = Bedrängnis, Not
wohr = wahr
wojeäje = wogegen
womöt = womit
Wong, die = Wunde
Wonger, dat = Wunder
wongere = wundern
wonk = wund
Wonsch, dä = Wunsch
wönsche = wünschen
wooe = wo
Wooech, die = Waage
Wooechhals, dä = Waghals
wooehne = wohnen
Wooehnes, die = Wohnung
Wooenes, die = Wohnung
wooer = war
Wooert, dat = Wort
Wööhles, dä = Wühler
wör = wäre
Worbele, die = Waldbeeren
Worbeleplöcke, dat = Beeren pflücken
wörd = wird
Worm, dä = Wurm
Wörm, die = Würmer
woröm = warum
Worret, die = Wahrheit
Wortel, die = Wurzel
Wottel, die = Wurzel
Wringmaschin, die = Auswringmaschine
Wüehles, dä = Arbeitstier, Workaholic
Wüeles, dä = Wühler, emsiger Arbeiter
Wüer, de = Werden
wühle = wühlen, schwer arbeiten
Wuorsch, die = Wurst
Wuorschbruuet, dat = Wurstbrot
Wuorschpinndorn, dä = Dorn zum Verschliessen der Wurstpelle
Wuschelkopp, dä = Krauskopf
Wuschelshoor, dat = Lockenhaar

Z

Zaabel, dä = Säbel
zack-zack = schnell
Zaldat, dä = Soldat
Zantip, die = Xantippe, bösartige Frau
zappe = zapfen
zappendüster = stockfinster
zapperluot = Ausruf der Verwunderung
Zapphahn, dä = Zapfhahn
Zaras, dä = Satan, Knecht Rupprecht
Zarett, die = Zigarette
Zaus, die = Soße, Tunke
Ze Mäertes, dä = Sankt Martin
Zebbedäus, dä = Fremdartiger
Zedder, dä = Zittern
Zellerie, dat = Sellerie
zemlech = ziemlich
Zen = Sankt
Zenk, dat = Zink
Zenkslooek, dat = Sinkloch, Abfluss in der Gosse
Zenn, dä = Zinn
Zenter Klooes, dä = Sankt Martin
Zenthuppert, dat = St. Hubert
Zervies, dat = Tafelgeschirr, Service
Zerviett, die = Serviette
Zetta, die = Elisabeth
zettere = zittern
Zevijär, dä = Kasten unterm Botenfuhrwerk
Zibbel, dä = Zipfel, Angsthase
Zick, die = Dummheit
Zies, die = Bratwurst
Zijar, die = Zigarre
Zijare krieje = Rüffel bekommen
Zijarekiss, die = Zigarrenkiste
Zijätt, die = Strick- und Stopfwolle
Zill, dat = Cäcilia
Zilla, die = Cäcilie
Zimäerte, dä = Sankt Martin
Zimm, die = große Trommel
Zimmschläjer, dä = Trommler
Zin Tüenes = St. Tönis (Ort)
Zinnuotes, dä = sonderbarer Heiliger
Zirup, dä = dickflüssiger Saft, Sirup
Ziß, dä = Singvogel
Ziss, dä = Zeisig
Ziss, die = Franziska
Zisterwitt, dä = Stubenvogel, Singvogel
Zitruon, die = Zitrone
Zizies, die = frische Bratwurst

Zoch, dä = Zug, Karnevalsumzug
Zochstieewel, dä = Stiefel mit Schäften
zockele = langsam fortbewegen
Zockeltrapp, dä = Fuhrwerksgeschwindigkeit
Zocker, dä = Zucker
Zöff, die = Sophie, Sofia
Zollsteck, dä = Zollstock, Metermaß
Zooert, die = Sorte, Art
Zopp, dä = Zopf
zoppe = eintunken, anfeuchten
zubbele = schlabbern, verschütten
Zufallsmalör, dat = Unglück
zumpe = weinen
Zupp, die = Suppe
Zuppejröin, dat = Suppengrün, Porree
Zuppekeätel, dä = Suppenkessel
Zuppeleäpel, dä = Suppenlöffel
Zuppepott, dä = Suppentopf
Zuppeteller, dä = Suppenteller
Zweeter, dä = Strickjacke

A

Aas = Ooes
ab = app
ab und zu = mötonger
Abend = Ooewend
Abendessen = Ooeweseäte
Abendglocke = Ooewesklock
abends = ooewes
aber = äwwer
Abfall = Affall, Krooes, Rotz
Abfalltonne = Drecksemmer, Dreckskiss
Abfluss = Rinn, Senk
Abfluss in der Gosse = Zenkslooek
abgeben = avjeäwe
abgehärtet = bieet
abgemagert = van dä Penn, van die Jöert, van de Jröet
abgenagt = halfafjeknabbelt
abgenutzt = Nopp dooevan
abgerissener Lappen = Schnobbel
abgestaubt = jeschnobbelt
Abgetragenes = Pluute
abgucken = avkieke
abhanden gekommen = verschött
abhäuten = pelle
abkanzeln = deckele
abkassieren = schröppe

abklopfen = affkloppe
abkommen = avkuome
Ablage = Hüertsche
Ableger = Looene
abmachen = verakkediere
abmühen = örschele, schleppe
Abneigung = kalde Scholder
Abort = Abee
abquälen = örschele
abreiben = rubbele
abrieseln = rist
abrinnen = rist
abschwätzen = affluckse
absetzen = schasse
absichtlich = exprieeß
Abstauber = Naate
Abstellkammer = Bessemshütt, Rompelkaamer
Abteil = Kupee
abwägen = pöngele
abweisend sein = kalde Scholder
Abziehbild = Avtrekksbeldsche
abziehen = avtrekke
ach = och
Achse des Kettbaums = Boomspill
acht = aach
achtgeben = oppasse
achthundert = aachhongert
achttausend = aachdusend

achtzehn — amüsieren

achtzehn = achteen
Ackerwinde = Modderjoddesjläske
Adelgunde = Jonda
Adolf = Ad, Att
Advokat = Avvekaat
Affe = Aap
affig = aapich
Ägidius = Jilles
agil = krejel
Agnes = Nies
Akkordeon = Kwetschbüll, Quetschbüll
aktiv = op jank
albern = jeflappt
alberner Mensch = Bläuel
Albert = Bätes
Alfons = Vöns
Alkohol = Bubbelswaater
Alkoholisches = Dröppke
Alkohol-Ausdünstung = Fahn
alle = allemoele
Alle Achtung! = Allabonör
alle beide = allebeds
allein = alleen
alleinstehend = i'enfällij
allemale = allemoele
allerbeste Kleidung = pooeschbeäß
Allerheiligen = Allerhellije
Allerseelen = Allersieele
allezeit = alltits
allmählich = pö a pö

Alltagsjacke oder Mantel = Bäus
allzu wählerisch = vertaart
Aloisius = Alwis
alsbald = jlicke
Altbier = Larerbier
Alte = Aal
alte Frau = aal Duos, aal Möhn, Möehn
alte Kleidung = Pluute
Alte, der = Alde
Alteisen = Spill
Alter, das = Alder
ältere Frau = jriese Jieeht
Altersheim für Männer = Männekeshüsske
altes Fahrzeug = Scheäs
altes Mädchen = Jöfferke
Althändler = Altrüscher
ältlicher Freier = Hervshahn
altmodisch = altfränksch
Altwarenhändler = Lompekeärl
Altweiber = Aalwiewer
Altweiberfigur = Möehn
am besten = allerbeäs
am nächsten Tag = morje
am Webstuhl = op et Tau
Amalie = Malche
Ameise = Sieeksempel
Amerikaner = Ami
Amsel = Märling, Meärling, Merling
Amüsement = Amesemang
amüsieren = amesiere

an = aan
Anbau = Schopp
Anbiederei = Schmus
anbiedern = aanküetele
anbrennen = verschrödde
andere = angerte
andere Meinung beibringen = Jrosches wessele
ändern = ängere
anders = angersch
anderthalb = angerthalf
andrehen = aanklappe
Andrehstock für den Webstuhl = Andrieensteck
aneinander = anieen
aneinander vorbei = langesieen
anfälliger Mensch = kranken Eärpel
anfassen = rake
anfeuchten = zoppe
angeben = stronze, stucke, stüte
Angeber = Aanjeäver, Jeärrieke, Opjeblooesene, Schauter, Stärk-Hermes, Stronzbüll
angebrannt = verschrött
angefeuchtet = klamm
angekocht = jestovt
angeschlagen = malat
Angeschmierter = Naatjemäkde
Angesicht = Visaasch
Angestell = Bär
Angewohnheit = Aanjewände
Angst = Ängs, Bäng, Jronkiis, Muffe

Angst haben = muffensausen
Angsthase = Ängshas, Ängsküetel, bange Zibbel, Zibbel
ängstlich = bang
Ängstlicher = bange Zibbel
ängstlicher Mensch = Ängshas
ängstlicher Respekt = Kadangs
anhängen = draanhange
anhänglicher Mensch = Klett
Anhängsel = Plümm
animieren = aanmaake
anmachen = aanmaake
Anmachholz = Aanmaaksholt
anmutig = adrett
Anna = Ann
Anpflanzung = Plantaasch
anreichen = rieke
anrempeln = aanracke
anschieben = döie
anschwärzen = aanklapeie, klapeie
ansehen = bekieke
ansehnlich = nett
anspitzen = aanspetze
anspornen = aanspetze
anstacheln = estimiere
Anstand = Benimm
Anstellung = Pösske
anstossen = aanstuote, rempele, tuppe
Anstreicher = Aanstrieker
Anstrengung = Stalp
Anton = Tünn, Tünnes

Antonius der Einsiedler   **Atemholen**

Antonius der Einsiedler = Ferkestünn
antreiben = estimiere
Antrittsstelle beim Spiel = Aan
Anwalt = Avvekaat
Anzeige = Annongs
anziehen = aantrecke
Anzug aus feinem Tuch = lakessem Aanzog
anzünden = aanmaake
Anzünder = Fimp
Apfel = Appel
Apfelkraut = Appelkruut
Apfelkuchen = Appeltaat
Apfelsorte = Rabau
Apfeltorte = Appeltaat
Apotheke = Ap'tieck
Apotheker = Pelledrieener
Apparat zur Bewegung der Kammflügel = Kammasching
Arbeit = Ärbet
arbeiten = ärbe'e, wirke
Arbeiter = Wirker
Arbeiter in der Landwirtschaft = Schüerendrescher
Arbeitsanweisung = Scheerbreef, Scheerbre-if
Arbeitsanzug = Blaumann
Arbeitshemd = Baselümke
Arbeitshose = Taubocks, Taubox
Arbeitskittel = Blaumann
Arbeitslohn = Maakluohn
Arbeitspferd = Wirkspeärd
Arbeitsrock = Baselümmke

Arbeitsscheuer = Fulk, fuul Biees, Fuulpelz
Arbeitsschürze = Schlomm
Arbeitsstelle = Pösske
Arbeitstier = Wüehles
Arbeitswütiger = Wirksbaas
Arena = Reng
arg = ärg, brieet, jarschtisch, jerejelt
arg sein auf = brieet sieen op
Ärger = Örschel
Ärger machen = Questione maake
Ärgerer = Tärjer
ärgern = ärjere. Piere, tärje, terje
Arm = Ärm, Maue
arm = ärm
arme Leute = Luuspöngels, Pongelsvolk
Armer = Hongerlie'er
armseliges Haus = Bült
Armut = Uuesel
Arnold = Nöll, Nölles
Art = Weäse, Zooert
Art und Weise = Manier
artig = adig
Arznei = Dockterschkrooem, Melizing, Polver, Tabelett
Asche = Äsch, Eäsch, Sengsele
Aschenkreuz = Äschekrütz
Ast = Ooes, Tack
Atem = Ooem
Atemholen = Ooemschöppe

Atemnot / aufschneiden

Atemnot = Omsnuot, Ooemsnuot
Atlaßseide = Satäng
auch = och
auch nicht = onnich
auf = op
auf den Arm nehmen = für-et-Läppke-halde
auf jemanden hetzen = aankische
auf Nimmerwiedersehen = adschüss parti
auf Pump kaufen = aanschriewe
auf Wiedersehen = adschüss
aufbinden = opbenge
aufbrausen = schüme
aufdrehen = opkrempele
aufeinander = opieen
aufessen = vertehre
auffällig sprechen = beiern
auffangen = fange
auffordern = aanspetze
Aufgang = Opjang
aufgedonnerte Frau = Schruut
aufgedreht = opjekratzt
aufgegessen = verkimmelt
aufgekochte Wurstbrühe mit Buchweizenmehl = Pannhas
aufgemotzt = jebrasselt
aufgerauhte Oberfläche = Nopp
aufgetakelte Kleidung = Kaskenade
aufgewachsen = opjejongt
aufgeweichtes Lebkuchengebäck = Moppendätsch
aufhängen = ophange
Aufhänger = Stropp
aufhäufen = opbärme
aufheben = opraape, verwahre
Aufhebens = Ambraasch, Buhei
Aufhebens machen = Vermaak
aufhören = ophüre
aufkeimender Halm = Spier
aufklatschen = plunsche
aufkrempeln = opkrempele
aufkriegen = opraape
auflösen = utreffele
Aufnehmer = Opneähmer, Twe'il, Twi-el
aufpassen = oppasse
aufpassen = spinze
aufpropfen = okuliere
aufputzen = optaakele
aufrechnen = nooehalde
aufregen = amboardjooehn
Aufregung = Bajeer
Aufregung um nichts = jruot Jedöns
aufrollen = oprengele
aufsammeln = raape
aufsässige Person = röesije Bessem
Aufsatz zum Gären = Jährrörke
aufschneiden = opschnie'e, stronze

Aufschneider

Aufschneider = Jeärrieke, Stärk-Hermes, Stronzbüll
Aufschrei = Krieesch
Aufschneider = Schwippje
aufstapeln = opbärme
aufstehen = opstooen
aufstellen = posamentiere, postiere
aufstossen = bölke, opstuete
Aufstossen = Heckepeck
aufsuchen = besöcke, krooese
auftakeln = optaakele
auftrumpfen = amboardjooehn, trompe
Auf-und-Niedergänger = Op-on-Nierjänger
Aufwand = Ambraasch
aufwärts gestülpte Nase = Hieemelfahrtsnas
Auge = Oug, Uog
Augen = Döpp, Uore
Augenblick = Uorembleck
augenblicklich = jüstement
Augenklappe = lakessem Brill
Augenmass = Ougemooet, Uoremooet
Äuglein = Öigske
August (Vorname) = Äu
August (Monat) = Juss
aus der Ferne = van fäere
aus der Mode gekommenes Kleidungsstück = Baselümke
aus heiterem Himmel = puffpaff
ausbleiben = utblieve

Aushilfsdirigent

ausbreiten = telwere
Ausdauer = Settflieesch
ausdenken = utkiamüsere
Ausdruck höchsten Erstaunens = boor!
ausdrücken = utdöie
auseinander = utrieen
auseinandergezogen = uutjereffelt
auseinanderlegen = uttrieenposamentiere
auseinandersetzen = strie'e
Auseinandersetzung = Disknuorsch, Knies, Palaver
auserzählt = utvertällt
ausfindig machen = utklamüsere
ausfressen = utfreäte
ausgeben = utjeäwe
ausgebleicht = fahl
ausgebrannte Kohlen = Sengsele
ausgefranzt = fuselig
ausgelassene Freude = Ferkesfreud
ausgepresst = utjeparscht
ausgepult = jedöpt
ausgeschieden = druut
ausgespielt = utjetuppt
Ausgestossene = Kroppzeug
ausgiessen = utschödde
Ausgusstülle = Tööt, Tüet
ausheben = buddele
Aushilfsdirigent = Werkelsdachdirijent

| ausklopfen | Auszubildender |

ausklopfen = utkloppe
Auskommen = Bekömmsel, Utkommes
auskommen = utkuome
Auskommen haben = Bekömmsel häbbe
auskundschaften = spekeliere
auslachen = utlache
auslaufen = utluope
ausleihen = pompe, puffe, verli'ene
auslöschen = utstrieke
ausmachen = utmaake
ausnehmen = neppe
ausplaudern = bubbele
ausprobieren = laberiere, versöcke
ausragende Ecke = Tömp
ausreissen = kniepuut, utriete
Ausrufe: = Häkischkisch, Jottseimärssi, Kladderadaatsch, Mariahölp, Marijadeies, Moppendätsch, owieeh, schwuppdich, verdext
Ausruf beim Suchspiel = kleck, kleck
Ausruf der Verwunderung = Hosses, zapperluot, saperluot
Ausruf siehst du? = süsse
ausrufen = utrope

ausruhen = fulke, reäste, sich reäste
ausrüsten = appretiere
Ausrüster = Appretöör
ausschälen = uutdöppe
Ausschau halten = luure
ausschimpfen = utschenge
Ausschlag = Plack
ausschneiden = utschnie'e
ausschneuzen = uutschnuuwe
ausschütten = utschödde
Aussenseiter = Seldene
ausser sich = van dä Penn, van de Penn
ausspielen = utspieele
ausstatten = utstaviere
Aussteuer = Utstüer
ausstossen = verstuote
ausstreichen = utstrieke
aussuchen = utsöcke
austeilen = utdieele
austreiben = utdrieve
austreten = utreäne
Ausweg = Utweäg
ausweichen = uutwieke, wicke
auswendig = utwendig
auswringen = utfrenge
Auswringmaschine = Wringmaschin
ausziehen = uttrecke
Auszubildender = Liehrjong

B

Bachstelze = Wippsteärz
backen = backe
Backhaus = Backes
Backofen = Backes, Backooewe
Badewanne = Bütt
Bahnsteig = Perrong
bald sterben = nooer de Schöpp ruuke
balgen = kalvere
Band = Bändel, Bängel, Bengel, Lettsch
Bandwurm = Bängelpirk
bange = bang
Bär = Beär
Bargeld = Jrüemels
Bassgeige = Lafumm
basteln = frieemele, püetere
Bastler = Knippfällekesmontör
Bauch = Buck, Bülles
bauchige Kaffeekanne = Kaling
Bauer = Buor
Bauerngarten = Buorejaard
Bauernhof = Buorenhooef, Hooef
Bauernmädchen = Buoremaid
Bauernschaft = Buorschaff
Bauernschläue = klockem Buck
Bauernschlauer = Lusch
Baum = Buom

Baum am Webstuhl = Booerschbuom
Bäume = Böm
baumeln = bommele
Baumwollgewebe, glänzendes = Bomesin
Baumwollstoff, dünner = Kattuun
Bauschärmel = Puffmaue
Becher = Beäker
bedankt = märssi
bedauerlich = schad
bedauern = beduore, üre
bedauernswerte Person = ärm Dier
bedauernswerter Mensch = ärmen Doll
bedeuten = bedü'e
bedienen = bedeene, Fott nordraare
Bedienerin = Mammsell
Bedrängnis = Bredullje
Bedrängnis = Wöer
bedrückt = benött
beeilen = hätze, plooere, sech plooere
Beerdigung = Bejängnis, Lieek, Liik
Beeren pflücken = Worbeleplöcke

befreundet | **Besenkammer**

- **befreundet** = frönd, joot frönd
- **befühlt** = jefummelt
- **Begebenheit** = Mäuzke
- **begegnen** = bejeäjene
- **begehrte Speise** = Leckerkommdök, Leckerkommdöx
- **Begleitung** = Kompenee
- **Begräbnis** = Lieek
- **begreifen** = bejriepe
- **Beharrlichkeit** = Settflieesch
- **behelfen** = behelpe
- **beherrschend** = astrant
- **Behinderter** = Krüepel
- **behüten** = verwahre
- **bei** = be
- **beichten** = bichte, sech bichte
- **Beichtstuhl** = Bichtstohl
- **beide** = allebeds
- **beieinander** = be-enieen, enieen
- **Bein** = Bieen, Stempel
- **beinahe** = rühres
- **Beine** = Hesse
- **beissen** = biete
- **Beitel** = Bi'etel
- **bekannt** = bekännt
- **Bekannter** = Bekännes, Kennes
- **beklauen** = besteäle
- **bekleckern** = besieewere
- **Beklemmung** = Schwulität
- **beklommen** = benaut
- **bekommen** = krieje
- **belegtes Butterbrot** = Driedrooeht
- **beleidigt** = verbieestert
- **Beleidigte** = ürije Prumm
- **beleidigte Frau** = Prumm
- **bellen** = lu'e
- **bemuttern** = pöngele
- **benachteiligt** = bedröbbelt
- **Benehmen** = Benimm, Maniere
- **bequem** = kamuod, kommuod
- **bereift** = berimt
- **bereit** = parat
- **Bergwerk** = Pött, Pütt
- **beriechen** = schnöffele
- **berieseln** = spröhe
- **Bernhard** = Bärtes, Bern
- **Berta** = Bert
- **beschädigt** = kapott
- **beschaffen** = besorje
- **beschäftigen** = beduon, hantiere
- **Beschäftigung** = Kett
- **beschmutzen** = bekammele
- **beschneiden** = stüppe
- **beschnitten** = jestuckt
- **beschwätzen** = bekalle
- **beschwatzen** = besieewere
- **beschweren** = knöttere
- **Beschwerlichkeit** = Maläste
- **beschwindeln** = verdommdeuvele
- **beschwören** = bespreäke
- **besehen** = bekieke
- **beseibern** = besieewere
- **Besen** = Bessem
- **Besenkammer** = Bessemshött, Bessemhütt

besinnlich   **binden**

besinnlich = sennich
Besitztum = Vermüeje
besoffen = besooepe
besondere Murmel = Ipp
besonderer Stoff = Schamuo
besonderes Fleisch = Koorstöck
besonderes Glück = Ferkesjlöck
besorgen = besorje, kommerschen
besorgte Frau = Kluck
besprechen = bekalle, bespreäke
besser = beäter
Besserwisser = Superklocke
Beste = Beäste
Beste, das = Herrjottsbeäß
bestehlen = bekläue, besteäle
bestens = allerbeäs
bestimmt = jetirmt
bestrafen = bestrooefe
Besuch = Besöck, Visit
besuchen = besöcke
betasten = befummele
beten = beäne
betreiben = bedrieeve
betroffen = verbaastert
Betrogener = Üewerjeströpde
betrübt = bedrövvt
betrügen = bedümele, befutele, betuppe, neppe, schummele
Betrüger = Filu, Spetzbouv
betrügerisch = nixnotzig
betrunken = besooepe, knöll
betrunken sein = Schleck en de Küüte

Betschwester = Quissel
Bett = Bätt, Bed, Fall, Fluohkiss, Kau, Lappekiss
betteln = affluckse, bäddele, quängele
Betten = Bädder
Bettgestell = Bettlad
Bettspreite = Sprei
betun = beduon
Beule = Büll, Knubbel
Beutel = Büll
bewegen = reppe
beweglich = jelenkig
Beweglichkeit = Kawupptich
bewerkstelligen = frassele
bewirken = baate
bewußtlos = fläu
Bezeichnung für Schwiegermutter = Knipptang
bezahlen = berappe, betaale
Beziehung = Fisternöllche
Bibernell-Pflanze = Pempernell
biblisches Reittier = Palmeäsel
biegen = bretzele
biegsame Rute = Witsch
Biene = Bei
Bienenkorb = Beiekörv
Biest = Biies
Bild = Beld
Billa = Bell
billig = bellig
Billiges = Penningskrooem
binden = benge

Birkenzweige = Maie
Birne = Biier
bis = bes, bös
Biß = Bieet
bisschen = Beddche
Bissen = Bieet
Bittruf = Mariahölp
Bizeps = Maue
blasen = blooese, puuste
Blässhuhn = Lüüschhenn, Lüschhöhnche
Blätter = Bleär
blättern = bleäre
blaues Auge = Klätschöigske
Blech = Ble'ek, Bleäk
Blechkanne = Tööt
bleiben = blieve
Bleiche = Bleek
Bleiche = Blie'ek, Bliek
Bleistift = Bleefeär
Blenden = Blenge
blendend weiss = schnieewitt
blind = blenk
Blinder = Blenge
blinzeln = knibbele, lönkere
Blödsinn = näcke Vertell
blöken = blöeke
blond = blonk
blos = bluos
blühen = blöhe
Blümchen = Blömke
Blume = Bloom
Blumenart = Hemmerknöppkes, Sclöeperkes

Blumenkohl = Bloomeküel
Blumenkohlohren = Bloomeküeluohre
Bluse = Blus
Blusenkrause = Schabbo
Blut = Bloot
Blutblase = Muus
Blütezeit = Flüer
Blutgeschwür = Blootschweär
blutrot = blootruod
Blutwurst, einfache = näcken Hännes
Bockum = Bockem
Bockumer = Bockumsche
Boden = Booem
Bohle = Plank
Bohne = Buohn
Bohnen = Buohne
Bohnen schneiden = fitsche
Bohneneintopf = Buohnedurieen
Bohnenstangen = Buohnestake
Bohnenstroh = Buohnestrüeh
Bohnensuppe = Buohnezupp
Bolderwagen = Bolderwarel
Bommel = Plümm, Quaas
Bonbon = Brock
Bonbons = Brocke
Bord = Booerd, Bördsche, Hüertsche
Borde knüpfen = posamentiere
Bordstein = Dörpel, Rennstieen, Stupp
Bordüre = Bördsche

borgen   **Brücke**

borgen = lieehne, puffe, verli'ene
bösartig = verbieestert
bösartige Frau = Zantip
Bösartiger = Schmärlapp, Schmeärlapp
böse = frech wie Plack, kwoet, quooet
böse Frau = Härk
böser Eindruck = Pick
Bote = Bott
Botenkarre = Bottkaar
Botenwagen = Bottkaar
Bottich = Back
Brand = Brank
Brandbrief = Brankbreef
Brandspritze = Brankspüet
Branntwein = Schabau
Brat- und Schmortopf = Kastroll
braten = broene
Braten = Brooede, Karbenaat
Bratkartoffeln = Brooeneärpel, Eärpelschieve
Bratpfanne = Pann
Bratwurst = Brottwuorsch, Zies
Brauch = Brunk
brauchen = bruuke
braun = bruun, käckbruun
Braut = Bruut
Bräutigam = Bräutigmann
Brecheisen = Breäkieser
brechen = breäke
Brechmittel = Breäkmeddel

Brei = Dätsch, Papp
breit = brieet
breitkrempiger Hut = Kalabreser
Breitlauch = Brieetluok
Brennessel = Nieetele
Brennofen = Tichelooewe
Brett für die Spulen = Spoulbrett
Bretter = Breär
Bretterboden unterm Dach = Bönnche
Brief = Breef, Schriewes
Briefkasten = Breefkaas, Pooeßkaas
Briefträger = Breefdräjer
Brikets = Klütte
Brille = Brell
Brillenetui = Brellesche-i, Schei
Brillenträger = Brellekieker
bringen = brenge
brodeln = prötsche
Brombeeren = Brooemele
Brombeerstrauch = Brooemelestruuk
Brot = Bruot
Brotaufstrich = Kruut
Brötchen = Bröttsche
Brotmaschine = Bruotmasching
Brotmesser = Bruotmetz
Brotsuppe = Bruotzupp
Bruch = Brock
Bruchgelände = Sankert
Brücke = Bröck

Bruder — Buttertopf

Bruder = Bro'er
Bruder des Schwagers = Schwippschworer
Brühe = Bröih
brüllen = blöeke, bölke, brölle
Brummkreisel = Hüldopp
Brunnen = Pött
Brust = Booerscht, Bross, Mämm, Memm
Brustbaum = Boschbuom
Brustlätzchen = Schlabberlätzke
Brustschoner = Borschal
Brusttee = Brosstiee
Bruthenne = Kluck
Buch = Bock
Buche = Büekebuom
Bucheckern = Bockeekele
Büchel = Kuus
Bücher = Böcker
Buchfink = Bockfenk, Robbespiär
Buchfinkenschlag = Distrawie
Buchsbaum = Palm
Buchsbaumholz = Palmholt
Büchsenlaufen = Büeßeluope
Buchweizen = Bockert, Bockweete
Buchweizenpfannkuchen = Bockertskock
Buckel = Puckel
bücken = böcke
Bückling = Böckem
Buden = Kröem
Bügeleisen = Büjeliiser
Bühnenkasten = Poljoneskaas
bummeln = busele
Bummelzug = Bommelzoch
Bündel = Bördsche, Knöngel, Pöngel
bündelweise = truschewies
bunt = bonkt
bunter Vogel = Pengsvurel
Buntfärber = Kolörfärver
Buntwäsche = Bongkte, en Küffke Bongte
Bürde = Laaß
bürgen = kaviere
Bürgersteig = Trottewaar, Trottewar
Büro = Kantur, Kantuur, Kontur
Büroangestellter = Kommi, Papierfreäter
Bursche = Booersch, Boorsch
Burschen = Böersch
burschikos = fahl
Bürste = Büersch, Büerschel
Busch = Buosch, Struuk
Buschbohnen = Buschbuohne
Butter = Botter
Butterblume = Botterblömke
Butterbrot = Botteramm
Butterersatz = Meählschmeär
Butterfass = Botterfaat
Buttermarkt = Bottermaat
Buttermilch = Bottermelk
Buttermilchsuppe = Bottermelkzupp
Buttertopf = Botterdöppe

C

Cäcilia = Zill
Cäcilie = Zilla
calvinistisch = calvinsch
Chance = Kanz, Schangs
Charlotte = Lott
Chefs = Böeverschte
chic = scheck
Christ = Chress
Christbaum = Chressbuom, Dännebuom
Christian = Chriees, Kriees
Christian = Kriees
Christine = Christing, Stina, Sting, Tinni
Christkind = Chresskenk
Christmette = Chressmiees
Clara = Clör
Cornelia = Nelli
Courage = Kuraasch

D

da = dooe
da oben = dooebooeve
dabei = dooebee
Dach = Daak
Dachbalken = Hahnehölter
Dachboden = Bönnche
Dachdecker = Leiendecker
Dachisolierung = Strüehpopp
Dachpfanne = Pann, Tichel
Dachraum = Bönsche
Dachrinne = Daakkall, Kall
dachte = deit
Dachziegel = Daaktischel, Lei, Pann, Tichel
dadrauf = dooedrop
dadrüber = dooedrüewer
dadrunter = dooedronger
dadurch = dooeduor
dagegen = dooejeäje
daherreden = bläuele
dahinter = eitenduur
dahinter = eiter
damit = dooemöt
Dämmerstunde = Lampefier
Dampf = Damp
dampfen = dämpe
Dampfschiff = Dampschepp
danach = dooenooe, eitennooe
daneben = dooeneäve
danieder = dooenier

daranvorbei — Dießemer

daranvorbei = dooelanges
darauf = drop
darin = drenn
Darm = Därm
darüber = dooedrüewer
darunter = dooedronger, dronger
das = et
das Beste = Herrjottsbeäß, pooeschbeäß
das Essen schmeckt nicht = lange Täng
Dauergast = Kleävbüll, Kleävploster
Dauerredner = Bäbbelsfott
Dauerregen = Daagessiep, Daaressiep, Siep
dauert = düert
Däumchen = Knickerdümmke
Daumen = Dumm
Daumennagel des Seidenwebers = Sieewäwernarel
davon machen = avtrekke
dazwischen = dooetösche, meddendooetösche
Defizit = Manko
deftig = däftig
Deich = Dieek
dein = din
deinetwegen = dinetweäje
dekorieren = drapiere
Delle = Blötsch
den Kehlkopf massieren = Tap strieke
den Magen verderben = verbälle, verbelle
denen = dänne
deprimiert sein = ärm Dier
der = dä
deshalb = desweäje
Design = Dessäng
Desinfektor = Spennejeäjer
deuten = uttrieenposamentiere
deutlich reden = Tacheles spreäke
Dialekt = Platt
dicke Frau = Fumm, Matsch
dicke Person = Maschiin
dicker Hammer = Jotthelpmech
dicker Strick = Dau
dickes Stück = Knabbel
dickflüssiger Saft = Zirup
dickleibiger Mensch = Karsellepeärd
die Fassung verlieren = duordrieehne
die Meinung sagen = wessele
die Wahrheit sagen = Tacheles spreäke
die Webstuhlkette entspannen = schlapp maake
die Zeit überschreiten = fies verkallt
Dieb = Kläu
dienen = deene
Dießemer = Dießemsche

Dietrich — dünn

Dietrich = Klöffke
Ding = Deng
direkt = stondsfoot
Distelfink = Pötter
doch = waal
Docht = Droocht
Docht der Petroleumslampe = Lemmet
donnern = hummele
Donnerwetter! = mareluot!
doppelt = dubbelt
Dorf = Dörp
Dorn zum Verschliessen der Wurstpelle = Wuorschpinndorn
Dornen = Döres
Dose = Duos
dösen = döse
Drachen = Wenkvurel
Draht = Drooeht
drall = pummelich
dranbleiben = draanblieve
drängeln = paarsche
drängen = trebbeliere
drängend bitten = tribbeliere
Drapierung = Schemisettsche
daraufan = dropaan
draus = druut
draussen = buute
Draußen-Stehplatz = Perrong
Dreck = Knös
Drecksack = Mottlau
Dreckspatz = Mottläuke
drehen = drieene
Drehorgel = Örjelskaas
Drehorgelspieler = Örjelsmann
drei = dree, der-i
dreissig = dörtig
dreißig = dressisch
dreizehn = dörteen, drötteen
drin = drenn
drinnen = benne, bönne
dröhnen = davere
drolliges Kleinkind = Büselke
drüber = drüewer
Druck = Däu, Döi
drücken = döi'e, döie
drückend = dröck
drunter und drüber = dronger on drüver
du = do
ducken = kusche
Duft = Odör
dumm = domm
dumm daherreden = traatsche
dumme Person = Tusnelda
dumme Streiche = Mauze
dummes Zeug = Quatsch
Dummheit = Dommhieet, Zick
Dummheiten = Mafäukes
Dummkopf = Dröemel, Flieres, Stoffel
dümmlicher Mensch = Labbes
dumpf = benaut
dunkel = düster, peäkendüster
dunkelgrün = donkeljröin
dunkelrot = donkelruod
dünn = dönn

dünne Suppe = Schlabberjuks
dünne, weiße Wolken (Cirruskumulus) = Schöppkeswolke
Dünner = Rebbeprenz
dünner Baumwollstoff = Kattuun
dünner Mensch = Jitschmörmel, Spenneflecker
dünner Pfannkuchen = Flitsch
durch = duer. Duor, per
durch und durch nass = siepenaat
durchbeissen = duorbiete
durchbissen = bieet
durchdrehen = duordrieehne
Durcheinander = Durieen, Körmel, Krooes, Schlammassel
durcheinander kochen = duriienkooeke

durcheinander reden = duriienkalle
durcheinander schreien = schratele
Durcheinandergekochtes = Spies
Durchfall = Dönne
durchgedrückt = duorjedöit
durchgreifende Ordnung = Remedur
durchhalten = Pooehl halde, pooelhalde
Durchlass = Pörtsche
durchpressen = duurpaasche
Durchschlag = Seih
durchseihen = passiere
durchstreichen = utstrieke
Durchtriebener = Filu, Schinnooes, Schliekefänger
durchtriebener Mensch = Aas
dürftig = mau
Durst = Brank, Duorsch

E

eben = effkes, jüss
eben trocken = eäwe drüch
eben viel = effen av
ebenso = akrat
Ecke = Eck, Höttche
Eckschrank = Eckkaas
edelfaul = fuckackig, fukackich

Edmund = Edd
Eduard = Ieet, I-et, Iiet
Efeu = Wenktergrön
egal = ejal
Ehefrau = Huusschandärm
eher = iehr
Ehre = Iehr

ehren | **eingebeult**

ehren = bühre
ehrlich = iehrlech
Eiche = Ieek
Eichenbaum = Ieekebuom
Eichenholz = Ieekeholt
Eichkatze = I-ekkatz
Eifer = Iefer
eifrige Kirchgängerin = Kirkemuus
eigen = eje, ieeje
Eigenart = Manier
eigenartiger Mensch = Büll
eigensinnig = ürich
Eigensüchtiger = Ichmänneke
Eile = Stipp
eilen = feäje, flitze, jöcke
eilig = ielig
Eimer = Emmer
ein = en, ieen
ein bischen = en Mönke voll, Fizzke
ein Geheimnis preisgegeben = fies verkalle
ein Teil = een
ein wenig = Beddche, en Mönke vol, jet
Einbeulung = Blötsch
einbilden = enbelde
Einbildung = Enbeldong, Flimm
eine Menge Flüssigkeit = Plunsch
einen Büttredner unterbrechen = litsche
einen fahren lassen = puupe

einen Stadtbummel machen = Priese kieke
einen Steinwurf weit = schmeddweäg
einen trinken = schliepe
einen Wind lassen = fuurze
einer = ieen, ieene
Einer = Iiene
einerlei = eäwe vüel
einfach = effe, effejries
einfache Blutwurst = Flönz, näcken Hännes
einfache Ware = Penningskrooem
einfacher Korn = Klore
einfacher Schnaps = effe Jriese
einfacher weisser Schnaps = Jriese
einfaches Essen = Huusmannskooeß
einfädeln = feäme
Einfall = Enfall
einfallsreicher Gesellschafter = Fuckefänger
einfältig = verkengscht
Einfältiger = ärmen Doll, Labbes, pooele Aap
einfältiger Helfer = Nösemes
Einfaltspinsel = Palmeäsel, Prentemann
einfarbig = üni
einfassen = paspeliere
Einfriedung = Vrieed
eingebeult = enjeblötscht

eingebildet = enjebeld, Nas huochdraare, vürnehm
eingebildet = Nas huochdraare
eingebildet sein = enne Penn häbbe
Eingebildete = Prent
Eingebildeter = Duurjedööde, Enbeldspüemel, Enjebellde, Stolzpuckel
eingedellt = enjedötscht
Eingemachtes = Enjemäcks
eingepökelt = pöck
Eingeweide = Jeschlöns
eingiessen = enschödde
einkaufen = enkuope, jälle
einkleiden = utstaviere
Einkochglas = Enmaaksjlas
Einkommen = Enkuuemes
Einkrembürste = Wixbüerschel
einlegen = pi'ekele
Einlegesohle = Schunslapp
einmachen = enmaake
Einmachfaß = Kappesdöppe
Einmachkessel = Enmaakskeätel
einnicken = endusele
eins = een, ieen
einschlafen = endusele
einschliessen = enschlute
einschlummern = endusele
einschütten = enschödde
Einsicht = Verstieehsdomich
Einstecktüchlein = Stronzläppke
eintauchen = stippe
eintönige Musik = Türelü

Eintopf = Muredubbel
Eintopf kochen = duriienkooeke
Eintritt = Antree
Eintrittsgeld = Antree
Eintrittskarte = Billjett
eintunken = zoppe
einwecken = enmaake
Einwendungen = Kwessiuone
Einwendungen machen = Questione maake
einzeln = enkel, omp
Eis = Iis
Eisbahn = Schliebahn
Eisbein = Iesbieen
Eisblume = Iisblom
Eisen = Ieser
Eisen- und Strassenbahn = Schlengerdrooeht
Eisenbahn = Ieserbahn
Eisenbahnhaltestelle = Borembahnhooef
Eisheiliger = Iishellije
eiskalt = iiskalt
Eisregen = Issel
eisregnen = issele
Eiszapfen = Kaarestiepe
Eitelkeit = Hoffart
eitler Geck = Stenz
eklig = fies
elf = elef
Elferrat = Elferrooet
Elisabeth = Lieske, Lipp, Lisbett, Liss, Zetta
Eltern = Äldere, Eldere

empfehlen   erschüttern

empfehlen = rek'mandiere
empfindliche Person = Fiennas
Empfindliche/r = Fimmelsnaas
emporheben = bühre
emsig = wackrich
emsiger Arbeiter = Wüeles
Ende = Eng, Flerk
Endivie = Andive
Endiviensalat = Andiveschlaat
Endstück = Köersch
energieloser Mensch = Treänkooß
energisch = resolut
eng = spack
Engagierter = Packaan
enger Platz = Hückske
enger Raum = Kabüffke, Kau
Enkelknochen = Enkel
Entgelt = Maakluohn
entlang = dooelanges
entlassen = schasse
entleeren = uutschnuuwe
Entschuldigung = Pardong
entspannen = reäste
enttäuscht = bedröbbelt
entwirren = reffele
entzwei = kapott
er = hä
Erbe = Ärv, Erv
erben = ärve, erve
Erbsen = Äerte
Erbsen = Ärte, Eärte
Erbsensuppe = Äertezupp, Ärtezupp, Eärtezupp

Erbteil = Ärvdiiel, Ervdi-el, Ervstöck
Erde = Eärd
Erde auflockern = schuffele
Erdgeschoss = Parterr
Ereignis = Kladderadaatsch, Öperke
erfahren = jewahr, jewahr werde
Erfinder = Prakesöres
erfüllt = quitt
ergattern = schnobbele
erkältet = verkällt
Erkältung = Peps, Verkällechkieet, Verkälldigkieet
erklären = expleziere
erklären = uttrieenposamentiere
erkunden = schnöive
erläutern = expleziere
erledigen = maake
Erlös = Reibach
Ernte = Bäu
ernten = utmaake
erprobt = jekohrt
erreichen = eraan
Ersatzkaffee = Muckefuck
Ersatzname = Denges
Ersatzname = Dengeskirke
erschleichen = schnobbele
erschlichen = jeschnobbelt
erschöpft = malat
erschrocken = verschreck
erschüttern = davere

Ersparnisse = Sparbüeßejrüemels
erst = ersch
erste Ernte = irschde Plöck
Erster = Irschde
Erstklässler = Idotz, I-Dötzke
Erstkommuniontag = witte Sonndag
ertappen = trapiere
ertragen = verknuse
erwischen = drapiere, trapiere
erzählen = bötze, käuere, schwaade, vertälle
Erzähler = Mäuzkesmaaker
Erzählung = Mäuzke, Vertäll
es = et
es geht = et jieeht
es gießt = spött
es juckt = et jöckt
es spritzt = spött
Esel = Äesel, Eäsel
Eselsohr = Eäselsuohr
Esse = Schloot
Essen = Eäte
essen = eäte
Essensrest = Urz

Essenstisch = Eätesdösch
Essensträger = Knüerke, Knur
Essenszeit = Eätestiet
Eßgeschirr = Henkelmann, Knüerke, Knur
Essig = Ätzig, Etzig
Etage = Etaasch
etwas = jet
etwas gehen lassen = jitsche
etwas geschickt erledigen = prakesiere
etwas trinken = pitsche
etwas unterlassen = jewerde
euch = öch
Eugen = Eu, Ev
Eugenie = Gen
Eule = Üll
Eva = Ev, I-ev, Ivv
evangelisch = calvinsch
Ewiges Licht = Ewigleet
exakt = präzis
exakt gerade = pieljrad
exakt geradeaus = pieljraduut
extra = expries
Extrawürste = Liewerköckskes
Extrinken = Paav

F

Fabrikschreiber = okulierde Spoulan
Fabriksirene = Tuut

fade = laff
fädeln = feäme
Faden = Fahm

Fadenreste — Fensterkitt

Fadenreste = Knöngels
fahlfleckig = blonk
Fahne = Fahn
Fähre = Pont
fahren = fahre, scheääse, schörje
Fahrkarte = Billjett
Fahrrad = Drooeteäsel
falbes Pferd = Bläss
Falle = Fall
fallen = falle, riesele
falsch = verkiehrt
falsch anziehen = vermustere
falsch spielen = befutele, futele
Falte = Kniep, Knötsch
Falten = Falde
falten = falde
faltig = verschrompelt
Familie = Familije, Famillisch
Familienname = Huusnam
fangen = fange, trapiere
Fantast = Spenner
Farbe = Färv, Klür
färben = färve, klüre
Färber = Färver
Färberknüppel = Utbengel
faserig = fuselig
Fass = Faat
Fässer = Feäter
Fasson = Vazuun
fasten = faaste
Fastender = Hongerlie'er
Fastenzeit = Faaß
Fastnacht = Fastelooewend

Fastnachtsabend = Fastelooewend
Fastnachtsgebäck, gesottenes = Muuze
faul = fuul
faulenzen = fulke
Faulenzer = Fulk
Faulheit = Fuulhiiet
Faulpelz = Müschmann, Fulk
Faust = Fuss
Fäustchen = Füsske
Feder = Feär
Federbett = Feärebett, Plümmo, Plümo
Federchen = Feärke
Federhalter = Feärekiel
Federkissen = Feäreküsse, Pölv
Feder-Oberbett = feäre Pölv
Fegefeuer = Feägfüer
fegen = feäje
Feger = Feäjer
fehlen = feähle
fehlender Fuß = appe Puot
Fehltritt tun = verteräne
Fehlwurf beim Kegeln = Pudel
Feier = Fier
Feierabend = Fierooewend
feiern = fiere
Feile = Fill
fein = apart, fien, nett
fein gemacht = staats
Feldsalat = Feldschlaat
Fenster = Rahm
Fensterkitt = Stockfärv

Fensterläden = Blenge
Fensterrahmen = Rahm
Fensterscheibe = Ruut
Ferdinand = Fern, Frides
Ferien = Fierije
Ferienkind = Fierijekenk
Ferkel = Küschke, Pöggske
fernbleiben = utblieve
Fernsehen = Schluffekino
Ferse = Hack
fertig = ferdig, parat
fertig sein = de Kett aff
fertigmachen = parat maake
Fertigung = Maak
fest = faas
Fest = Feäß
festhalten = faashalde
Festlichkeit = Fesslichkieet
Festtagskleidung = Sonndagsstaat
fetter Mensch = Dampknudel
Fettgebäck = Muuze
Fetzen = Flärk, Flerk
feucht = föchtig
feucht-kalt = klamm
Feuer = Füer
Feuerwehrspritze = Jitsch
Feuerwerkskörper = Düwelskeckert
Fidibus = Fimp
fies gelb = käckjeäl
Fiesling = Stenkstieevel
Figur = Fijur
Figürchen = Fijürke

Fimmel = Lititi
finden = fenge
Finger = Fenger, Tompe
fingerdick = fengerdick
Fingerhut = Fengerhoot
Fingerspitzen = Tüppkes
Fisch = Fieesch, Fösch
Fischelner = Föschelsche
Fischrogen = Jriselsküüt, Jrisselsküüte
flach = flau
flache Schnapsflasche = jlasere Bottram
flacher Korb = Bratsch
Flasche = Fläsch, Pull
Flaschenkind = Fläschekenk
flau = schwabbelig
flechten = fleite
Fledermaus = Fleermuus
Fleisch = Flieesch
Fleischart = Röckstöck
Fleissiger = Packaan
fleissiger Mensch = Packeäsel
fleissiger Schneider = Jaloppschnieder
Fleissiges Lieschen = Fliessig Lisske
Flicken = Fleck
flicken = flecke
Fliege = Fleesch, Fle-ijestropp
fliegen = fleje
Fliegenfalle = Flejefall
Fliegenpilz = Peddestohl
Flirt = Fisternöllche

flirten = karressiere
flitzen = kajitze
Floh = Fluoh
Flomen = Bledde
Flötchen = Flöttsche
Flöte = Flüet
flöten = flüete
Flöten schnitzen = Flöttsches maake
flott = holderdibolder, jau
flott fahren = scheäse
Flügel = Flöjel, Flüejel
Flügel = Hengerbou, Hengerhus
flunkern = opschnie'e
Flusen = Fluese
flüstern = fispele
flutschen = flitsche
Fohlen = Füehle
Form = Fatsuun, Fazun, Vazuun
forsch = schmackes
forsch handeln = amboardjooehn
fortjagen = schasse
fotografieren = kneppse
Frage = Fro-ech, Frog, Frooech
fragen = frore
fraglicher Genuss = Papp freäte
fragwürdige Person = Musjö
Fransen = Franije
Franziska = Ziss
Fratze = Visaasch
Frau = Frommisch, Wiev
Frauen = Frollüh
Frauenhut = Kapotthoot

Frauensache = Frollütskrooem
Frauensperson = Mensch
frech = ruppig, schnippich
Frechdachs = Nixnotz
freche Frau = Appelstieef
frei = free
freien = fre'e
freien = karressiere, pussiere
Freier = Föttschesfööler, Karresant, Mädschesfüüt
freigebig = splendit
Freigebiger = Spendierbox
Freiluftplatz der Bahn = Perrong
Freitag = Friedach, Friedag
freitags = friedes
Fremdartiger = Zebbedäus
fressen = freäte
Freude = Fück, Jux, Pläsier
Freudenhaus = Puff
Freund = Frönd, Scholli
freundlich = fröndlech
Freundschaft = Fröndschaff
Friedhof = Kirkhoff
Friedhofsbezeichnung = Lehmhe-i
Friedrich = Fretz
frieren = frese
Frikadelle = Fricko
frisch gezapftes Bier = Kantebömke
frische Bratwurst = Zizies
Fritz = Fretz
froh = fruoh

Frohgemüt — Futterneid

Frohgemüt = Sonndachsjemöit
Fröhlichkeit = Jux
frömmelnde Frau = Quissel
Frosch = Keckert
Frost = Früeß
Fröstelnde = Hipp
frostig = früestig
Frucht = Froch
früh = früsch
früher = iehr
Frühjahr = Fröihjohr
Frühmesse = Fröihmieeß
frühmorgens = morjesfrüch, morjesfrüsch
Frülingszwiebel = Pieferüehrkes
Fuchs = Fuoß
Fuchsien = Fuksije
fügsam = kusch
fühlen = föhle, föihle
Fuhre = Fuur
Fuhrmannsruf: halt = hü
Fuhrmannsruf: vorwärts = hott
Fuhrwerk = Bolderwarel
Fuhrwerksgeschwindigkeit = Zockeltrapp
Fummler = Knippfällekesmontör

fünf = fief, vief
fünfhundert = fiefhongert
fünftausend = fiefdusend
fünfzehn = fiffteen
fünfzig = fiffzig
funktionierend = opp Schött
für = för
für dumm verkaufen = verdommdeuvele
für etwas einstehen = kawiere
Furche = Fuur
fürchten = Strang häbbe
Furz = Fuurz, Wenk
fuschen = futele, miekele
Fuss = Foot, Puuet
Fussabtreter = Matt
Fußball spielen = Hisse
fussballspielen = bolze, kimme, küppkescheete
Füßchen = Pütterkes
Füsse = Föit, Fööt
Fussende = Footeneng, Footeng
Fusslappen = Footlappe
Futter für Tiere = Fuur
Futter in der Kleidung = Fuur
füttern = fure
Futterneid = Rachjier

G

Gabe zur Einschulung = Scholltüt
Gabel = Jaffel
gackern = kaakele
gaffen = jaape
gähnen = jaape
Galle = Jall
galoppieren = kajere
Gang = Jang
Gans = Jaas
Gänsehaut = Hennefreäse
ganz nackt = puddelnäck
ganz und gar = knattsch
ganz wenig = Möckeföttsche
Ganzes = Janze
gänzlich = marschtig
gar = jaar, jar
gar keine = jakinn
gar nicht = jar net
garantieren = kaviere
Gardine = Jarding
Gardinenpredigt = Jardinepreddich, Lavitte leäse
Garn = Jaare, Jahre
Garnrolle = Bobing
Garntuch = Scheniljedöckske
Gärtchen hinterm Haus = Eiterjärtsche
Garten = Jaard
Gartenbesitzer = Jardenier
Gartengerät = Schuffel
Gartenhäuschen = Jaardehüske
Gartenlaube = Jaardehüske
Gartentörchen = Jaardepörtsche
Gas = Jass
Gaslaterne = Jaaslantär
Gasse = Jatz
Gast = Jaaß
Gäste = Jeäs
Gastgeber = Wieertslüh
Gasthaustheke = Thön
Gaststätte = Hellijehüske, Jlasbierjeschäff
Gastwirtschaft = Wieertschaff
Gaumen = Bälderkes
Gauner = Filu
gearbeitet = jebrasselt
Gebäck = Bejingefüerzke, Brezel
Gebäude = Bou, Jebou
gebaut = jebout
geben = jeäwe
Gebet = Jebett
Gebetbuch = Beänbock, Jebettbock
geblasen = jeblooese
geblümt = jeblömt
geboren = jeboore
Geborgtes = op de Latt, op de Ley

gebracht — geistig gestört

gebracht = jebreit
gebraten = jebrooene
gebrauchen = jebruke
gebührend beachten = estimiere
gebummelt = jebuselt
Geburtstag = Jebuurtsdach, Jebuurtsdag
gedacht = jedeit
gedämpft = jestovt
Gedärme = Kröem
gedauert = jedüürt
gedrängt voll = pickepackevoll
Gedrucktes = Jedröcks
Geduld = Jedold, Quent
geduldig = jedöldig
geduldige Geisteshaltung = Kaplonsjemööt
gefährlich = jeföhrlech
Gefährte = Kamerooed
gefallen = jefalle
gefällig = adrett
Gefängnis = Pott
Gefängniszelle = Kaschott
gefärbt = jeklüert
Gefäß = Döppe
geflickt = läppert
geflüstert = jefispelt
Gefolge = Schwitt
Gefühl = Jeföil
gefurzt = jefuurzt
gegeben = jejeäwe
gegen = jeäje, teäje
Gegend = Jeäjend, Landau

Gegenteil = Jeäjendieel, Teäjendieel
gegenüber = jönn Sie
gegenüberliegende Seite = jönn Sie
Gegenwärtiges = Lamäng
gegessen = jejeäte
geglückt sein = jeschooete häbbe
Gegrusel = Jejrusels
geh = jank
geh deiner Wege = treck dän Dyk av
gehabt = hant
Gehacktes = Jehacks
Geheimnis preisgeben = verbubbele
geheiratet = jetrout
gehen = jooehn
Gehilfe = Buselöres, Kommi, Ladeschwengel
gehorchen = kusche, pariere
gehörig = jehürech
gehört = jehüert
Gehrock = Batzeschläjer, lakesse Rock
geht es? = jieeht et?
geht! = jott
geifern = sieewere, siewere
geifernde Person = Schlabberschnuut
Geissblatt = Je länger je lieewer, Jelängerjelieewer
Geistesblitz = Enfall
geistig gestört = enne Hau häbbe

geistlich   **gepfändet**

geistlich = jeeslich
Geistlicher = Pastur
geizig = jitzig
geizige Frau = Schrapphex, Schrappnell
Geiziger = Jitzhals
Geizkragen = Jitzhals
gekauft = jejolle, jekoot
geklatscht = jeflaart
geklaut = jekläut
geklingelt = jeschellt
geknautscht = jefummelt, jeknötscht
gekommen = jekuueme
gekürzt = jestuckt
Geländer = Jeländer, Stangkett
gelb = jeäl
Geld = Jeld
Geldbörse = Portemonnee, Portmanee
Geldgierige = Schrappnell
Geldschein = Schien
Geldstück = Kastemänneke
Gelee = Schelee
gelegen = jeleäje, tepass
Gelegenheit = Jeleäjenhieet, Paaß, Schangs
gelehrt = jeliehrt
Gelenk = Schanier
gelernt = jeliehrt
geliehen = jelennt
Gelingen = Döppke
gelingen = fluppe, jlöcke
gelogen = jeloore

gelungen = jeklappt, jelonge
gemein = fennich, fennig, jemeen
Gemeinheit = Bieesteree
gemeint = bemennt
gemessen = jemeäte
Gemüse = Jemöis
Gemüsebauern = Hämmer
gemütlich = jemäckelich, jemäklech
genascht = jeschnöppt
genau = akrat, hoorkleen, jenäukes, präzis, prezies
genau = jenäukes
genau = präzis
genau genommen = eijentlich
genau nehmend = quiselig
Genauigkeitsfanatiker = Fämkeställer
Gendarm = Schandärm
genestelt = jefrasselt
Genick = Kneck
Genie = Schenie
genieren = scheniere
genug = Bekömms häbbe, Bekömmsel häbbe
Genuß = Schmaak
Genußsüchtiger = Schmecklecker
genußvoll etwas trinken = Tap strieke
genützt = jebatt
Georg = Schorsch
gepfändet = jepängt

gepflanzt — Gesellschafter

gepflanzt = jepott
gepflückt = jeploot
gequetschte Hautstelle = Muus
gerade = jrad, piele
gerade vorher = eäwes
geradeaus = jraduut
Geranie = Jranium
Geranien = Jranije
geräuschvoll kauen = knattsche
Gerd = Jirred
Gerede = Bäbbelskall, Bötz, Kall, Traatsch, Vertäll
geregelt = jerejelt
Gereihe = Jere-i
Gerhard = Jerred. Jirred, Jrades
Gerichtsvollzieher = Hüßjee
geringe Menge = Klatt
geringer Rest = Kletsch, Püemel
gern = jeär
Gerste = Jeärsch
Gerstenbrei mit Dörrpflaumen = Jeärsch möt Pruume
Gerstenkaffee = Muckefuck
Gerstenkorn = Jerschtekoor, Weäjedrieter
Gerstensuppe = Jörtpapp
Gerte = Jitsch
Gertrud = Draut, Drücke, Drüke, Traut, Trautsche
Geruchsprobe = Schnüffke
Gerümpel = Krooem
Gesäß = Fott

Gesäß = Hengerdieel, Hengerschte, Hengervierdel, Kont, Fott
gesättigt = püsterich
geschadet = jeschadt
Geschäft = Jeschäff
Geschäfte = Laadese
Geschäftsinhaber = Baas
geschämt = jeschammt
Geschehnis = Öperke
gescheit = jescheet
Geschichte = Mäuzke
geschimpft = jeschonge
Geschirr = Jeschirr
geschlagen = jeschlare, jetachelt
geschliffen = jeschlieepe
Geschmack = Schmaak
geschmeidig = manks
geschmiert = jeschmeärt
geschmort = jestovt
Geschrei = Schandal
geschrieben = jeschrieewe
Geschwätz = Bäbbelskall
Geschwätz = Bötz, Kall, Sabbel. Sieewer, Traatsch
Geschwätzige = Wäschwiev
geschwätzt = jebubbelt, jeflaart
geschwiegen = jeschwieeje
Geschwür = Schweär
gesegnet = jeseäjent
Geselle = Jesell
Gesellschaft = Kompenee
Gesellschafter, einfallsreicher = Fuckefänger

gesessen — Gewohnheit

gesessen = jeseäte
Gesicht = Jesieech, Mapp, Visaasch
Gesichtsausdruck = Schöpp, Simp
Gesindel = Bajaasch, Jesocks, Kroppzeug, Lompepack, Pack
Gesinnungsloser = Schnobbel
gesoffen = jesooepe
gesottenes Fastnachtsgebäck = Muuze
gespalten = jesplieete
Gespenstiges = Spuok
gesplissen = jesplieete
gespuckt = jespöit
gespült = jespöilt, jespöllt
gespult = jespoult
gestampft = jeknätscht, jestufft
Gestell = Jestell
Gestell am Webstuhl = Lööper
gestern = jister
gestochen = jestooeke
gestohlen = jekläut, jestrizzt
gestreift = jestrippt
gestricktes Hemd = Kamisoel
gestunken = jestonke
gesucht = jesoot
gesund = jesonk
Gesundheit = Jesonkhieet
gesungen = jesonge
getauft = jedöpt
getaugt = jedoot, jedüescht
geteilt = utrieen
getrabt = jetijert

getragen = jedrare
Getränk = Dronk
Getränkemaß = Schobbe
geträumt = jedrömmt, jedrömt
Getreide = Kooere
Getreidegarben = Huste
getrennt = utrieen
getrocknet = jedrücht
getrunken = jedronke
Getue = Bär, Buhei
Getümmel = Bajeer
getupft = jetuppt
getuschelt = jefispelt
gewachsen = jewaaße
gewarnt = jewahrschaut
Gewebeende = Selfkant
Gewebefehler = Schlonz
Gewebemuster = Dessäng
geweißt = jewitt
Gewicht = Jeweet
Gewichtiges = Kaventsmann
Gewiefter = Feerdije
Gewinn = Reibach
gewiss = jewess
gewiß doch = endoch, jemaak
Gewissen = Jewesse
Gewitter = Hummelsweär
Gewitterwolken (Cumulusnimbus) = Hummelsweärwolke
Gewitzter = Schliekefänger
gewöhnen = jeweäne
Gewohnheit = Aki, Bekömmsel, Jewähnnde

gewohnt = jewähnd
Gewürz = Kanieel
Gewürzkuchen = Peäperkock
Gewürznelken = Kruutnäjel
gewußt = jewuoß
gezogen = jetrocke
gibt = jöfft
Gicht = Jech, Jeesch
Gicht = Jeesch
Giebel = Jieewel, Ji-ewel
Gier = Jöem, Jööm, Jüem
gieren = jööme, jüeme
giessen = jitsche
Gießkanne = Jitschkann, Spüet
Gift = Jeff
giftgrün = jeffjröin
ging = jing
Ginster = Bramm
Ginsterstrauch = Bessemstruuk
Gipsheiliger = Jipshellije
Gitarre = Jitta
Gitter = Traljes
Glanz = Nopp
Glanz weg = Nopp av
glänzendes Baumwollgewebe = Bomesin
Glas = Jlas
Gläserschrank = Jlaserekaas
Glaskränzchen = Schmielenkränzke
Glaskugel als Flaschenverschluss = Jitschmörmel
glatt = flutschig

Glatze = Plaat, Pläät
Glatzenträger = Plaatekopp, Pläätekopp
glauben = jlüewe
gleich viel = eäwe vüel
Gleichstand = Tupass
gleiten = flutsche
Glöckchen = Jlöckske
Glocke = Jlock, Klock
Glück = Dussel
Glück = Jlöck, Massel
Glucke = Kluck
glücken = fluppe
glückselig = jlöcksellig
Glückspilz = Dusseldier
Glücksritter = Duorjänger
Glühbirne = Biier
glühend = jlöinig
Gold = Jold
goldenes 20-Mark-Stück = Jolffu'eß
Goldlack = Muckviul, Muffiuole, Stockviuol
Goldwaage = Joldwooech, Joldwoog
gönnen = jönne
Gosse = Renn
Gott = Jodd, Jott
Gotteslohn = Joddesluohn
Gottessohn = Joddessuohn
gottgefällig = jottjefällig
Gipsheiliger = Jippshellije
Grab = Jraav

Graben — gut angezogen

Graben neben der Landstrasse = Talü
Gras = Jraas
Grasart = Queke, Schmieele
Grasbüchel = Jraaskuus, Kuus
grasgrün = jraasjröin
grau = effejries, jries
graue Erde = jriese Jronk
graue Ziege = jriese Jieeht
Grefrath (Ortsbezeichnung) = Jrieerde
greifen = jriepe
greinen = knaatsche, quärke
Grenzstein = Minüttepooel
Gretchen = Jrett, Jrettsche
Grieben = Jrieeve
griesgrämig = ürich
Griffel = Jreffel
Griffelbüchse = Jreffelbüeß
Griffeletui = Jreffelbüeß
grinsen = jrüesele
grob = jrooev
grober Sand = Kiss
grollen = üre
Groschen = Jrosche
groß = jruot, mannshuoch
Grossbauer = Heerembur
grosse Füße = Jratschpüet
grosse Gliedmassen = Quante
grosse Hände = Bördsches Muure
grosse Kanne = Tüet
große Trommel = Zimm
grosse Überraschung = Bomm
grösser = jrötter
grosser Gegenstand = Kaventsmann
grosser Mensch = Lange Lulatsch
grosser Mund = Braak, Schobbesmull
großes Gesäß = Bolderwarelsbahnhooef
grosses Käsemesser = Kieesremmel
großes Stück = Knubbel, Rämmel, Remmel
großes Stück Käse = Kieesremmel
Grossmaul = Jruotschnuut
Grossmutter = Jruoß
grün = jröin
Grundeis = Jronkiis
grundsolide = standäftig
Grünkohl = Küehl
Grünschnabel = Lällbeck
Gruppe = Bajaasch, Schwitt
Gruss = Daagestiet, Daarestiet
Grütze = Jört
gucken = kieke
Guckloch = Luorlöckske
Gummisauger = Nüggel
Gummischleuder = Flitsch
Gummistiefel = Waatersteewel
Gurken = Kommkommere
Gurt = Spannreem
Gürtel = Bank, Reem
gut angezogen = staats

gut befreundet = joot Frönd
gutbelegtes Butterbrot = Fumm
Gute = Jo-e, Joo-e
gute Lebensart = Kompläsangs

guter Mensch = Duurjooe
guter Umstand = en feine Kett
Gutes = Jots
Gutmütigkeit = Kaplonsjemöit

H

Haar = Hoor
haarklein = hoorkleen, hoorklieen
Haarsträhne = Bisel
Haartracht = Polkakopp
Haarwickler = Babelott
Hab und Gut = Pröll
haben = häbbe, hant
haben wir = hammer
Hafer = Haaver
Hafergrütze = Haaverjört
Hagel = Harel
Hahnenfussgewächs = Botterbloom
Häkelnadel = Häkelnold
Haken = Hooek, Krämpke
halb = half
halb abgegessen = halfafjeknabbelt
Halber Liter = Hälfke
Halbschürze = Schlomm
Halbstrümpfe = Kooße
Hälfte = Hälf
Hals über Kopf = holderdibolder

Halstuch = Halsdock
halt = hü
halten = halde
haltloser Mensch = Lu'i
Haltung = Kompläsangs
Hammelknochen = Koteknöckske
Hammer = Haamer, Hamel
hämmern = tömmere
Hand = Hank
Handbesen = Stöffer
Handbürste = Afmaksbüerschel
Handbürste = Büerschel
Händel suchen = Strieet stooeke
Handfeger = Stöffer
handhaben = hantiere
Handschleuder = Flitsch
Handschrift = Schriff
Handschuh = Hänsch
Handschuhe = Hänsches
Handstütze = Fullek
Handtasche = Hanktäsch
Handtuch = Handock
Handwagen = Bolderkaar
Handwärmer = Muff

Handwerkszeug — heil

Handwerkszeug = Pliesterlatt
Hang = Treck
hängen = hange
Hans Wurst = Peiaß
hantieren = krooese
Happen = Moffel, Möffelke
happengross = mönkesmooet
Harke = Härk
Harmloser = Laumann
harmloser Mensch = Schluff
Harnischflügel = Flöjel
hart zusetzen = piesacke
harte Wurst = Kapettwuorsch
Harzer Käse = Stenkkiees
Hase = Haas
Haselnuss = Mimmkätzke
Hasenpfeffer = Haasepeäper
hatte = hat
hätte = hei
Hatz = Hetz
hau ab = treck dän Dyk av
Hauch = Ooem
Haufen = Huop
Haufenwolken (Cumulus) = Knubbelswolke
häufig = döx
Haus = Huus
Hausanbau = Flüejel
Hausbesitzerin = Hospesfrau
Hausschlüssel = Huuschlüetel
Hausdiener = Buselöres
Hauseingangstufe = Dörpel
Hausfrau = Huusfrau, Huuswief
Haushälterin = Huushäldersche
Hausherrin = Madamm
Hausmädchen = Huusmäddsche, Mäddsche
Hausmittel = Huusmeddele
Hausnäherin = Huusnieersche, Nieersche
Hausschuh = Muff, Schluff, Selfkantekooß, Selfkanteschluff
Hausschuhe = Laatsche
Haussegen = Huusseäje
Hausstand = Krömke
Hauswirt = Hospes
Haut = Höit, Huut, Pell
Hautausschlag = Plack
Hautflecken = Spruute
Hautjucken = Jüek
Hautkrankheit = Schweär
Hautriss = Schrooem
Hebamme = Heävam, Kenkesfrau
Hecht = Schnock
Hecke = Heck
Heckenschere = Heckeschier
Hefe = Heff
Heft = Heff
heftig = jerejelt, rang-zang
heftig gezecht = jekraut
heftig lachen = bretzele, schibbele
heftig schütteln = rappele
Heide = Hei
heil = heel

Heil- und Pflegeanstalt	**herum**
Heil- und Pflegeanstalt in Krefeld = Fütings	Henkelmann = Knüerke, Knur
heilen = kuriere	Henkeltöpfchen = Hengelpöttche
heilig = hellig	Henne = Henn
Heilige/r = Hellije	Henriette = Jettche, Nettche
Heiligenbildchen = Hellijebeldsche	her = vandänn
Heiligenhäuschen = Hellijehüske	herab = eraff, erav
Heim = Heem	herablassend = minardig
heimlich = stikum	heran = eraan
heimlich saufen = schwiemele	Heranwachsender = Weäsling
heimlich tun = huschele	herauf = erop
heimlicher Groll = Peck	heraus = eruut
Heimsuchung Mariens = Ieendropp, Maria	herausgeputzt = stiefstaats
Heimtücker = Schmielendrieter	heraushalten = druuthalde
Heinrich = Drickes	herausputzen = optaakele
heiraten = trou'e	herausstecken = stiepe
heiss = hieet	herber Schnaps = Fuhrmannsjeär
heissen = hieete	Herbst = Hervs
Heisshunger = Jöem, Jüem	herbstlich = hervslech
Heiterkeit = Amüsemang	herein = erenn
Helene = Leen, Leenche	Hereingelegter = Naatjemäkde
helfen = baate, helpe	hereinholen = erennhooele
Helfer = Jesell	hereinziehen = erenntrecke
hellblau = blöh	Hering = Herring
heller Kopf = Schennooes	Heringsfass = Herringstonn
Hemd = Baselümke, Hemm	Heringsrogen = Herringsküüt
Hemdärmel = Hemmsmaue	Hermann = Herm, Maanes, Manes, Männ
Hemdenkrause = Schabbo	Herr = Heär, Heer, Musjö
Hemdenzipfel = Hemmsschlep	Herrlichkeit Krefeld = Herrlichkieet
Hemdhose = Livvkesbox	herüber = erüewer
Henkel = Hengel	herum = eröm

herum gewildert = jesträppt
herumfahren = schürje
Herumhängendes = Jezubbels
herumlungern = strüepe
Herumstreunender = Strüeper
herumsuchen = krooese
herunter = erav, eronger
Heruntergekommener = Verkuemene
heruntermachen = deckele
Herz = Hert
hetzen = hätze, hetze, kische
Heuchler = Spetzbrave
heulen = hüüle
heute = vandaach
heute abend = vanooewend
heute Mittag = vameddach
heute morgen = vamorje
Hexe = Häx, Hex
Hexenschuß = Häxeschuot
hier = he, hee
hierbleiben = heebliewe
hierlassen = heelooete
hiersein = heesiien
Hilfe = Hölp
Hilferuf = Hölp-on-Brank-Kriet
Hilfsgeistlicher = Kaplooen, Kirkemuuskaplo-en
himbeersüß = himbeersöit
Himmel = Hieemel
hinaus = eruut
hinausschieben = verschlibbere
hindern = hengere
hindernisreich = harde Bäng

hineinkriechen = erennkrupe
hinfallen = kejele
Hinkelmal = Hinkelpank
hinkeln = henkele
Hinkelspiel = Hinkele
hinken = henke
Hinkender = Hömpelepömp
hinstellen = postiere
Hintasten = Taaß
hinten = eite, henge
hintenan = hengenaan
hintendrauf = hengendrop
hintendurch = eitenduur
hintenheraus = hengenerut
hintenherum = eiteneröm, hengeneröm
hintenherunter = hengenerav
hintenüber = hengenerüewer
hinter = eiter, henger
hinter dem Rücken = hengerröcks
Hinterbau = Hengerbou
Hinterbein = Hengerbieen
Hintergärtchen = Eiterjärtsche
hinterhältig = fennig, fennisch
Hinterhältige/r = Biies
hinterhältiger oder humoriger Mensch = Lusch
Hinterhältigkeit = Bieesteree
Hinterhaus = Flöjel, Flüejel, Hengerhus
hinterher = eitennooe
hinterlistig = nixnotzig

hinterlistiger Geselle	Holzschuh des Samtwebers

hinterlistiger Geselle = Fuckefänger
Hintern = Fott, Hengerschte, Kont
hinterrücks = hengerröcks, nixnotzig
Hinterteil = Hengerdieel
Hinterviertel = Hengervierdel
hinüber = erüewer
hinunter = eronger
Hinweis = Wenk
Hitze = Hetz
Hobbelspäne = Schaavspöen
Hobby = Steckepeärd
Hobel = Hubbel
Hobel für Gemüse = Kappesschav
hobeln = hubbele
Hobelspäne = Hubbelspöen
hoch = huoch
Hochachtung = Kadangs
Hochamt = Hommes
Hochaufgeschossener = Längsel
hochdeutsch = huochdütsch
hochgeschlossene Weste = tue Wääs
hochheben = bühre
hochheben = stämme
Hochmesse (11 Uhr-Messe) = Hommes
hochmütig sein = Nas huochdraare
hochmütiges Frauenzimmer = Schnirp

hochnäsig = enjebeld, minardig, schnippich
hochvornehm = stiefstaats
hochwertige Fleischsorte = Pasturestöck
Hocke = Hückske
Hocker = Treänbänkske
Hof = Hooef
hoffärtig = hoffärdig
hoffen = hooepe
Hoffnung = Hooep
hohe Kante = huore Kant
höhergelegenes Zimmer = Opkaamer
hohes Gras = Schmieele
hohl = booel, hooel
hohl(äugig) = buohl
holen = hooele
Holländer = Hollänger
holländisch = hollängsch
Hölle = Höll
holpern = holpere
Holunderstrauch = Flierembuom
Holundertee = Flieretiee
Holz = Holt
hölzern = hölter
hölzerner Spielkreisel = Dopp
Holzkästchen für die Handweberei = Babengekäeske
Holzschuh = Klomp
Holzschuh des Samtwebers = Träenklomp

Holzschuhmacher = Klompebaas
hören = hüre
Hörensagen = Hüeresare
Hose = Box, Knallbox
Hosenband = Boxebengel
Hosenbeine = Stuuke
Hosenboden = Boxekaas, Boxebooem
Hosenknopf = Boxeknuop
Hosenschlitz = Boxeklepp, Kläpp
Hosentasche = Boxetäsch
Hosenträger = Hölpe
Hubert = Hub, Hubeärt, Hübi, Hupp
Hubertine = Tinni
hübsch = nätt, nett
Hufeisen = Hufieser
Hügel = Hüjel
Hugo = Huck
Huhn = Tuck
Hühnerauge = Elsteruog
Hühnerfeder = Hennefeär
Hühnerfüßchen = Hennekläuke
Hühnerhintern = Hennefott
Hühnerleiter = Hahnehölter
Hühnerstall = Hennehuort
Hühnerverschlag = Hennehuort
Hülser = Hölsche

Hummel = Humm
Humorloser = Drüje
humorloser Mensch = drüje Pitter
Hund = Honk
Hunde = Höng
Hundefutter = Hongsfuur
Hundehütte = Hongsbei, Hongshött
Hundekarre = Hongskar
hundemüde = hönkesmüsch, honksmüsch
Hundenase = Hongsnas
hundert = hongert
hunderttausend = hongertdusend
Hundstag = Hongsdag
Hunger = Honger, Kohldampf, Schmacht
Hungerleider = Hongerlie'er
hungrig = hongrig
hüpfen = hinkele, höppe
Hüpfspiel = Hinkele
Husten = Hoss
Hustentee = Brosstiee
Hut = Hoot, Hot
Hut, breitkrempiger = Kalabreser
Hütchen = Hötche
Hütte = Bölt, Bült

I

ich habe = häb
Idee = Enfall
Igel = Ijel
ihr = ühr
im Anmarsch = op Kömpkesweg
im Augenblick = jüstement
im Essen stochern = püemele
im Nu = Ruppdich
im Preis enthalten = enbejrieepe
im Werden = in de Wüer
Imitierter = Imi, Immi
immer = alltits, emmer
in der Schlinge gefangen = jeströppt
in = en
in Acht nehmen = eneit neähme
in Aktion = opp Schött sieehn
in Atem gehalten = op Trapp
in Augenschein nehmen = bekieke
in Bewegung = op jank
in den Bart brummen = knottere
in die Irre gehen = verluope
in Eile = op Trapp
in Fetzen und Fransen herumhängend = Jezubbels
in Ordnung = ennooeder, enoeder
in Ruhe lassen = jewerde looete
in Stücke geschnitten = jeschnibbelt
in Stücke schneiden = fitsche
Ingenieur = Injenör. Inschenör
inklusiv = enbejrieepe
Inlett = Barchem
innen = benne, bönne
Inrath = Ennert
Inrather = Ennertsche
Inserat = Annongs
instabil = labberig
Installateur = Waaterbackparatmaksmieester
inzwischen = entösche, ongerhanks
I-Punkt = I-Pünkske
irden = eärde, irde
irdener Topf = Döppe
irgendwo = örjes
Irmgard = Irm
ironisch = fennich, fennig
irren = spenne, verkieeke
Isabella = Bella
ist er? = isse?
ist ja gut = jemaak
ist was? = is wat?

J

ja = ija, jooe
ja gewiss = ja jemaak
Jacke = Jack, Romp
Jacquard = Schakard
Jagd = Jach, Jag
jagen = jaare, kische
Jahr = Johr
Jahreszeit = Johrestiet
jähten = schuffele
Jakob = Küeb
jammern = quärke
jammernde Alte = Quaatsch
jammernde Person = Quärk
Jaquardmaschine = Schakardstohl
jäten = kruue
Jauche = Sieek
Jaucheeimer = Seekschöpper
Jauchefass = Seektonn
Jaucheschöpfer = Seekschöpp, Seekschöpper
Jean = Schang
jeborsten = jebaarscht
jeder = jedder
jedereiner = jedderieene
jederzeit = alltits
jemand = jemmes, jiemes, jömmes
jemand, der gern mit Wasser spielt = Matschkapei
jemand, der viel Platz beansprucht = Brieetwirker
jemanden die Meinung sagen = fri-ewe
jenseits = jönn Sie
jesprungen = jebaarscht
Jesuskind = Chresskenk
jetzt = jüss, no
Johann = Jan, Schäng
Johannes = Hannes, Hännes
Johannesbrotbaumfrucht = Johannesbruot
Johannisbeeren = Wiemele
Johannisbeerschnaps = Wiemeleschnaps
Johannisbeerstrauch = Wiemelestruuk
Josef = Jupp
Josefine = Fienche, Seef
jucken = kribbele
Juckreiz = Flüehbesöck, Jüek
Jude = Jödd
Judenschule = Jöddescholl
Jugend = Jongsieen
Jugendzeit = Flüer
Julius = Jull
jung = jong
Junge = Jong
junge Birke = Maibuom

junge Menschen

junge Menschen = jröin Jemöis, Plöckschlaat
junge Schererin = Scheermüske
Junge, kleiner = Dotz
Jungen = Jonges
junges Blut = irschde Plöck
junges Kind = Rotzije
junges Licht (Neumond) = jonk Leet
Jungfrau = Joffer
Junggesellenabschied = Letsch
Jungsein = Jongsieen
just = jüss

K

kacken = käcke
Kaffee-Ersatz = Muckefuck
Kaffeegesellschaft = Kränzke
Kaffeeplausch = Visit
Kaffeesatz = Prött
Kahn = Aak, Nachen
Kalb = Kalv
Kalendula = Rengelbloom
Kalfaktor = Buselöres, Kalfakter
kälken = witte
kalt = uoselich, uuesilich
Kaltblüter = Rhenaniapeärd
Kälte = Kält
Kälteeinbruch = Schopskält
Kältempfindliche = kaal Hipp
kam = kooem
Kamerad = Kamerooed
Kamille = Kamelle
Kamillentee = Kamelletiee
kämmen = kämme
Kammer = Kaamer
Kammerbesen = Spennejeäjer
Kammerjäger = Spennejeäjer
Kammmaschine = Kammaschin
Kanarienvogel = Kanalijevurel, Kanarieevurel
Kaneel = Kanieel
Kaninchen = Knien, Stallhas, Wippnäske
Kaninchenfuß = Kningkespuuet
Kaninchenstall = Kningsstall
Kännchen = Känneke
Kanne = Kann, Tööt
Kannenausguss = Tuut
Kante = Kaut
Kaplan = Kaplooen
Kappe mit vorstehendem Schirm = Jraduutkapp
kaputt = kapott
Kapuzinerkresse = Klömmoppe
Karfreitag = Karfriedag
Karneval = Fastelooewend
Karnevalsumzug = Zoch
Karoline = Karling

Karotte = Karuod
Karre = Kar
Karte = Kaart
Karte für den Jaquardwebstuhl = Kaart
Kartennadel = Kaartenold
Kartenschläger = Kaarteschleäjer
Kartenspiel = Tuppe
kartenspielen = kaarte, Kaarte spieele
Kartoffel = Äerpel
Kartoffelbrei und Apfelmus = Himmel on Eärd
Kartoffelfeuer = Eärpelsfüer
Kartoffelkiste = Eärpelskiss
Kartoffelkorb = Bratsch, Eärpelsbratsch
Kartoffeln = Eärpel
Kartoffelpuffer = Reevkock
Kartoffelsalat = Eärpelschlaat
Kartoffelsalat = Schlaat
Kartoffelssalat aus Pellkartoffeln = Pelleärpelschlaat
Kartoffelstäbchen = Pommes
Karussel = Karsell, Kettekarsell
Karusselpferd = Karsellepeärd
Karwoche = Karweäk
Käse = Kiees
Kasse = Kass
Kasserolle = Kastroll
Kastanie = Kaschtei

Kastanienbaum = Kaschteiebuom
Kästchen = Keäske
Kasten = Kaas
Kasten unterm Botenfuhrwerk = Zevijär
Katharina = Kattring, Trina
Katze = Daakhaas, Mimm, Miz
Katze = Miz
Katzenbraten = Daakhaas
Katzenpfötchen = Katzekläuke
kauen = köi'e
kaufen = jälle, jelde, kuuepe
kaufen = jelle
Kautabak = Priem
Kautabak = Prümtabak, Stef
Kautabak kauen = prüme
Kautabakstück = Steff
Kavalierstuch = Stronzlapp
keck = krallich, krallig
keck-frecher Mann = Möschemänneke
Kegel = Kejel
Kegelabend = Kejelooewend
Kegelfigur = Stina
kegeln = kejele
Kehle = Kieel
Kehlkopf = Tap
Kehre = Kiehr
kehrseitig = kranges
kein = kinn
kein Ende finden = en lange Kett maake
keine = kinn

Kelle **klappen**

Kelle = Schäpp
kennen = kenne
Kenntnis = Kennes
Kerbe = Kerv, Ketsch
Kerbholz = Latt, op de Latt
Kerl = Keärl
Kern = Keär
Kernbohne = Keärebuohn
Kerngehäuse = Ketsch, Kitsch
Kerngehäuse des Apfels = Appelskitsch
Kerze = Keärz
Kerzentalg = Ongel
Kessel = Keätel, Pott
Kettarm am Webstuhl = Kettärm
Kettbaum am Webstuhl = Kettbuom
Kette = Kett
Kettenkarussel = Kettekarsell
Kettenspanner = Fassmaakskord, Spannkooerd
Kettfäden = Kettefähm
Kevelaer (Ort) = Keäwele, Keävele
Kies = Kiss
Kieselstein = Keätelstieen
Kiesgrube = Kisskull, Sankskull
Kind = Kenk, weet
Kinder = Blaare, Kenger, Pänz
Kinderbettchen = Heija
Kindergarten = Verwahrscholl
Kinderhort = Verwahrscholl
Kinderhose = Livvkesbox

Kinderrassel = Räbbelke
Kinderspiele: = Ipp möt Schaares, Baas op, Drüh, Fratze schnie-e, Henkelbot, Jitschkanon, Kalling, Kappemball, Kotespeel, Pinau, Spelteknepse
Kinderstuhl = Kackstohl
kindisch = blaarig, jeflappt, verkengscht
Kindtaufe = Kenkduop
Kiosk = Jlasbierjeschäff
kippen = kippe
Kirche = Kirk
Kirchenmaus = Kirkemuus
Kirchenraum = Kapell
Kirchhof = Kirkhoff
Kirchkuchen = Kieerschekock
kirchlicher Aufruf = Letsch
Kirmesattraktion = Lukas
Kirmesauseinandersetzung = Kirmestermöll
Kirsche = Kieersch
Kissen = Kösse
Kiste = Kiss
Kiste für Stoffreste = Lappekiss
Kitt = Stockfärv
Kittel = Kieel
kitzeln = kieetele
Klacks = Klätsch
klagen = klare, lamentiere
kläglich = klaaterig, klaterig
Klamauk = Klamau
klappen = fluppe, flutsche

klappern   Kleingeld

klappern = klappere
klappt = et jieeht
klar = klor
klarer Schnaps = Klore
Klarinette = Klanett
Klatschbase = Klapei
klatschen = flaare, jraase
Klatschsüchtige = Flaar
klauen = kläue
Klaus = Klooes
kleben = kleäve, lieme
Klebpflaster = Kleävploster
klebrig = kleäverisch, knättschig
klebriger Schmutz = Knös
Klebstoff = Meählpapp
Kleid = Klieed
Kleider = Kle-er
Kleider ablegen = uttrecke
Kleiderärmel = Maue
Kleiderbügel = Kle'erbüjel
Kleiderbürste = Kle'erbüersch
Kleidung = Pluute
klein = klieen, petit, ullich, ullig
klein gehalten = jestuckt
kleine Ansiedlung = Buorschaff
kleine Brücke = Bröckske
kleine Buchweizenpfannkuchen = Bockertsköckskes
kleine Erhöung = Hubbel
kleine Hand = Kläuke
kleine Hütte = Höttche
kleine Kammer = Kabäuzke
kleine Kartoffeln = Kraakeböerschkes
kleine Kaufleute = Klätsch-Kooplüh
kleine Kinder = Pänz
kleine Person = Püemel
kleine Schaufel = Schöppke
kleine Schürze = Scholek
kleine Trittbank = Treänbänkske
kleiner Junge = Dotz, Küetel, Männi, Schnobbelsjong, Ullije
kleiner Junge = Ullije
kleiner Klumpen = Küetel
kleiner Mensch = Mälmpüper, Melmpüper
kleiner Reiter = Jieetejockei
kleiner Rest = Klätsch, Üerzke
kleiner Stoffrest fürs Puppenkleid = Poppelapp
kleiner Sumpf = Sömpke
kleiner Winkel = Hückske
kleines Gelass = Kabüffke
kleines Haus = Hüsske
kleines Haustürfenster = Schwaadrämke
kleines Kind = Puut, Blag, Krott, Stropp
kleines Lied = Leddsche
kleines Notizbuch = Kontewitteböckske
kleines Schnäpschen = Schabäuke
kleines Spültuch = Spünske
kleines Theater = Poljoneskaas
Kleingeld = Jrüemels

Kleinigkeit = Fizzke, Jrüemel, Knüerzke, Spier
Kleinigkeitskrämer = Krentekäcker
kleinkariert = jedubbelt
Kleinkind = Balg, Boxeknuop, Knickerdümmke, Ruppenduppes
Kleinkind, drolliges = Büselke
Kleinkram = Moppekro-em
kleinlich = pingelich
Kleinlicher = Hüsskestapezierer
Kleinwüchsiger = Mälmpüper
kleinwüchsiger Herr = Püemels-Härke
Kleister = Kliester, Meählpapp
klemmen = klemme
Klempner = Bleäckschuster
Klempner = Bleäkschuster, Waaterbackparatmaksmieester
Klette = Klett, Soldateknuop
klettern = klömme
Klettern, tollpatschiges = klabastere
Klingelbeutel = Klengelbüll, Klengerbüll
klingeln = Schellekes maake, Schellemänneke maake
Klingelstreich = Schellekes maake
klingen = klenge
Klinke = Klenk
Klobrille = Brell
klönen = bötze

klopfen = kloppe
Kloster = Kloster, Kluoster
klug = klock
Klugheit = klockem Buck, Klockhieet
Klumpen = Kluut
knabbern = knabbele
knacken = knacke
Knallerbse = Knalleärt
knapp = spack
Knäuel von Seidenresten = Hongsfott
Knecht = Kneit, Schüerendrescher
Knecht Ruppprecht = Zaras
kneifen = kniepe
Kneifzange = Knipptang
Kneipe am Weg = Hellijehüske
Knicker = Mörmel
Knickerbocker = Knallbox
Knieebeuge = Hückske
Kniekehle = Hessebengke
Kniewärmer = Huschpott
Kniff = Knötsch, Wieet
Knirps = Krott
knittern = knötsche
Knoblauch = Knoffluok
Knochen = Knooek, Knöek
Knopf = Knopp, Knuop
Knorpel = Knuorsch, Knuursch
Knüppel = Knöppel, Prengel, Steck
knurren = knuore
kochen = kooeke, prötsche

Kochgeschirr = Henkelmann
Köchin = Köksch
Kochstelle = Fanüss
Kochtopf = Kooekpott
Kochwäsche = Kooekwäsch
Kohldampf = Schmacht
Kohle = Kooehl
Kohlenkasten = Kooehlback
Kohlhobel = Kappesschav
kohlrabenschwarz = kooelraweschwatt
Kollektierkörbchen = Klengerbüll
komische Frau = Prent
komischer Mensch = Fuobes
komischer Vogel = Seldene
komisches Ornament = Ulefränzke
komm einmal = kommens
kommen = kuome
Kommode = Kammuod
Kommunionessen = Avkuomseäte, Avvkommseäte
Kommunionkind = Avkuomskenk, Avvkommskenk
komstümieren = verkle 'e
Komunionhose = Avkommsböxke
konfirmiert = möt affjekuome
König = Könnich, Küenig
könnte = küeß
Konrad = Konn
Konrad = Konn

Konserven = Enjemäcks
Kontor = Kantur, Kontur
Kontrollpapier = Süverbooem
konzentrierte Nahrung = Körtfur
Konzert = Fumpeständsche, Konseärt
Konzert = Konseärt
Kopf = Biier, Dätz, Kluut, Knaabes, Knölles, Kopp, Nölles, Schwaat
Kopfsalat = Koppschlaat, Kroppschlaat
Kopfschmerzen = Kopping
Kopfsprung = Köpper
kopfüber = koppüewer, tommelüet
Kopf-Verletzung = Küffke
Korb = Körv, Mang
Kordel = Kooerd
Kordel am Jacquardstuhl = Haanischkooerd
Korinthe = Krent
Korinthenbrötchen = Krentebröttche
Korn = Jriese, Kooere
kosen = püsele, schmuse
Kost = Kooeß
kostenlos = lau
Kostgänger = Kooeßjänger
Kostprobe = Koor
Kostverächter = Fiesnaas
Kot = Driet
Kotelett = Karmenad

Krachmacher | Küche

Krachmacher = Krakeler
Kraft = Mattes
Kräftemesser = Lukas
kräftige Trommel = dicke Zimm
kräftiger Mensch = Kaventsmann
kräftiger Pinsel = Wittkwass
kräftiger Zecher = Schwiemeler
Kragen = Krare
Kragenknopf = Krareknuop
Krähe = Krei
Kram = Krooem, Pröll
kramen = fummele, krooeme
Kramladen = Wenkel
Krampe = Kramp
Krampf = Kramp
Kraniche = Krooenekraane
krank = buohl, malat
krank tun = quaatsche
Krankenschwester = Süester
Krankenstuhl = Komföörke, Stellingske
Kränzchen = Kränzke
kratzen = schubbele, schure
Kratzer = Schrooem
kraus = kruus
kräuseln = krüesele
Krauskopf = Wuschelkopp
Kraut = Kruut
Kräuterbündel = Kruutwöösch
Krauthobel = Schaav, Schav
Krautpresse = Kruutpaarsch
Krautpresse = Paasch
Krawatte = Plastrong

Krefeld = Krieewel
Krefelder = Krieewelsche
Krefelder Eisenbahn = Schluff
Krefelder Originale: = jecke Willem, Ferkes Tött, Klei Schorsch, Mott Anton
krefeldig = krieewelsch
Kreide = Knied, Kniet
kreideweiß = knietewitt
Kreis = Kries
kreischen = kriete
Kreisel = Dopp, Ruutesprenger
Kreiselspiel = Dopp sette
Kreuz = Krütz
Kreuzhacke = Pillhack
kreuzweise = krützwies
Krezweg = Krützwaäg
kribbeln = kribbele
kriechen = kruupe
Kriechkind = Ruppenduppes
Krieg = Kreech, Orlog
Kriminalstück = Krimi
Krippe = Krepp
Kritikaster = Krintekecker
Krone = Kruon
Kröte = Pedd
Krücke = Kröck, Krök
Krume = Jrüemel
Krümel = Jrüemel
krumm = kromm
Krüppel = Krüepel
Kruste = Köersch
Kübel = Bütt
Küche = Küek

Kuchen	Land

Kuchen = Jrillagetaat
Küchenlappen = Schmeärlapp
Kuchenpfanne = Köckskespann
Küchentisch = Eätesdösch
kühl = köhl
Küken = Tückskes
Kuller = Mörmel
kullern = kluttsche
Kummer = Uuesel
kümmerlich = uoselich, uueselich
Kunst = Konz
Kunsthaar = Pröck
Kunststück = Konzstöck
Kupfer = Kuueper
Kürbis = Stooetappel

Kurve = Kurv
kurz = kört, op de Stipp
kurz angebunden = effen av
kurze Pfeife = Nasewärmer
kürzen = stüppe
kurzer Moment = Uorembleck
kurzer Regenguß = Meärzbiss
kurzfristig = op de Stipp
Kurzfutter = Körtfur
Kurzgeschichte = Döneke
Kuss = Butz
Küsschen = Bützke
küssen = bütze
küssfreudige Person = Bützjeschirr

L

laborieren = laberiere
Lache = Waaterpooel
lächeln = jrüesele
lachen = lache
Lachreiz = Laach
Lachsalve = Laach
Lade = Laa
Lade = Lar
Läden = Laadese
Ladenklingel = Ladeschell
Ladentisch = Thieek
Lagerbier = Larerbier
lahme Person = Tröggelsfott

Lahmer = Hömpelepömp
Laken = Laake
Lakritz = Hosskock
Lakritzlösung = Hosskockswaater
Lakritztaler = Nejerjeld
Lambert = Bätes
Lampe = Lamp
Lampendocht = Lemmet
Lampenmarkt = Lampemaart
Lampenmast = Lanteärepooel
Lampenreiniger = Lampeputzer
Land = Lank

ländliches Gebiet   Lebkuchen

ländliches Gebiet = Jemöiskant
Landschaft = Landau
Landstrasse = Schossee
langanhaltender Regen = Daagessiep, Daaressiep
langaufgeschossener Mensch = Schlagdubbel
Langer = Längsel
langsam arbeiten = busele
langsam essen = moffele
langsam fortbewegen = zockele
langsam sprechen = beiere
Langsamer = Schlodergahn
Langweiler = Dröemel, Drüje, drüje Pitter, Trendelfott
Läppchen = Pläckske
Lappen = Flärk, Lapp, Plack
Lärm = Bajeer, Radau, Schandal
lärmen = krakeele
Lärminstrument = Rommelspott
lass = lot
lassen = looete
Last = Laaß, Örschel, Plooech
Lastenträger = Packeäsel
lästig = leästig
Latein = Latien
Laterne = Lanteär
Laternenpfahl = Lanteärepooel
Latrine = Hüsske
Latte = Latt
Latte, die eingeputzt wird = Pliesterlatt

Lätzchen = Bäffke, Schlabberlätzke
Laubfrosch = Keckert
Lauer = Luur
lauern = luore. luure, piele, spinze
laufen = luope, socke
laufen gehen = stiffte jooen
laufende Nase = Dröppnaas
Lauferei = Luoperee
Läuferkasten = Lööperkaas
Laufjunge = Luopjong
Lauge = Luoch
Laus = Luus
lauschen = Müsske spieele
Lausekamm = Luuskamm
laut kauen = knätsche
laut sprechen = kei'e
laute Gesellschaft = Jöddescholl
läuten = beiere, lü'e
lautes Reden = Palaver
lauwarm = lauwärm
leben = leäwe
Leben = Leäwe
lebendig = labendig
Lebensabschnitt = Plöck
Lebensart = Aki
Lebensart, gute = Kompläsangs
Lebenshaltung = Aki
Lebensunterhalt = Enkuuemes
Leber = Leäwer
Leberwurst = Leäwerwuorsch
lebhaftes Kind = Trabant
Lebkuchen = Moppe

Lebkuchenfigur — lernen

Lebkuchenfigur = Prentemann
Lebtag = Leäwdag, Leäwdag
lebwohl = adschüss
lecken = lecke
lecker = läcker
Leckerei = Leckerkommdök, , Leckersch, Nejerjeld, Schnöbberee
Leckrigkeit = Kommdöck, Leckersch
Leder = Leär
Lederhose = Leärbox
leer = leäch
Leere = Leäje
leere Spulen = Leäje
leeren = leäje
leerlaufen = utluope
legen = lägge, sech lägge
legen = sich lägge
Lehm = Mott
Lehmheide = Lehmhe-i
Lehmklumpen = Klüth, Kluut
Lehre = Liehr
Lehrer = Liehrer, Schollieehrer
Lehrerin = Frollein, Lieehrsche
Lehrling = Liehrjong, Linnert
Lehrmädchen = Liehrmädsche
Leib = Balg, Liev
Leibesfülle = Bülles
Leibschmerzen = Buckping
Leiche = Lieek, Liik
Leichenwagen = Liekewarel
Leichenzug = Liekezoch
leicht = leht

leicht darüber streichen = püsele
leichter Vogel = Schwippje
leichtes Mädchen = Loopschött, Luopschött
leichtfertiges Mädchen = en leäje Dier
leichtsinnig = lehte Hank
Leichtsinnige = Feäg
Leichtsinniger = Schwittjee
leichtsinniger Mensch = Feäjer
leichtsinniges Mädchen = Flitsch, Flittsche
leid = lei
Leid = Lieed
leiden = lie 'e
leiern = beiern
leihen = lieehne
Leihhaus = Pankhuus
Leim = Liem
leimen = lieme
Leine = Ling, Wenkvurelskoord
Leinen = Liene
Leinensack = Pölv
Leinöl = Lienooelig
leise = höersch
Leiter = Ledder
Leitersprosse = Sprot
lendenlahm = lengelahm
Lendenlahmer = Lengelahme
Lenkrad = Stüer
Leonhard = Lennert
Lerche = Lewerink
lernen = liehre

lesen — Luftballon

lesen = leäse
letzte Sonntagsmesse = Elfuhres
letzte Woche des Monats = Blootwuorschweäk
Leuchte = Löiht
leuchtend = krallig
Leuchtkäfer = Joddeslämpke
Leute = Lü
Leviten lesen = Lavitte leäse
Licht = Leet
Lichtmess = Lechmess
Lichtschein = Schien
lieben = brieet sieen
Liebhaber = Karresant
liebkosen = knubbele
Lieblingsspeise = Kommdöck, Läcker Kommdöck
Liebschaft aus der Ferne = Kiekverhältnis
Liebstöckel = Maggistruuk
Lied = Led
Lieder = Leddsches
Lieferbaum = Lieewerbuom
Lieferbüchlein = Lieewerböckske
Liefermeister = Lieewerbaas
liefern = lieewere
Liefertag = Lieewerdaach
Lieferung = Lieewerangs
Liege = Schäselong
liegen = legge
Limburger Käse = Stenkkiees
Linde = Leng
Lindental = Onger de Leng
Lindentaler = Lennertsche
links = lenks
Linkshänder = Lenkspuet
Linner = Lenner
Lippe = Lepp
Lisette = Settche
listig = luckse
listiger Mensch = Schennooes
Löbchen = Lövvke
loben = looeve
Loch = Looek
Loch beim Murmelspiel = Külleke
Löcher = Löeker
Locken = Krolle
Lockenhaar = Wuschelshoor
Lockenkopf = Krollekopp
Lockenwickler = Babelott
locker = booel
Lockere Person = Luopschüt
Löffel = Leäpel
Lohn = Luohn, Maakluohn
lohnen = luohne
los = quitt
loser Bursche = Fent
Lösung = Wi-et
Lot = Lu-et, Luot
Louise = Wiß
Löwenmäulchen = Jaapmüllekes
Löwenzahn = Ketteschlaat
Luder = Ooes
Ludwig = Lud, Luwi
Luft = Loff, Loht
Luftballon = Loffball

Luftholen = Ooemschöppe
Luftikus = Wenkbüll
Luftpumpe = Loffpomp
Luftröhre = Tröet
Lüge = Lüech, Lüüch
lügen = kuohle, lüje
Luise = Luwiss
Lümmel = Labbes, Lömmel
Lump = Lomp, Schnobbel
Lumpen = Lompe
Lumpensammler = Lompekeärl
lumpig = schnobbelig
Lunge = Long
Lungenentzündung = Plöres
lungern = longere
Lust = Fiduz, Loss
lustige Einfälle = Sprijitzkes
Lutschbeutelchen = Föppke
lutschen = lötsche

M

machen = maake
machte = meek
mächtiges Stück = Trumm
Macke = Hau
Mädchen = Dier, Mäddsche, Maid
Mädchen, das Jungen nachläuft = Jongesfüüt
Magd = Maid
Magen = Maach
mager = majer
Magerer = Rebbeprenz
magerer Mensch = Bönnefette, Dönne
mageres Rippenstück = Karmenad
mahlen = maale
Maiblume = Maiblom
Mainzer Käse = Stenkkiees

Mairegen = Maireäje
Mal = Kiehr, Pank
mal = mans, mooel
mal eben = effkes, ens effkes
malen = mooele
Maler = Möeler
malt = molt
Malve = Stockruos
Malz = Malt
man = m'r, mer
manche = männije, mennije
mancheiner = männichiiene, mennichieene
mancher = männichiiene
manches = männig
manchmal = männigkier, mötonger
Manfred = Manni
mangelhaft = net janz pöck

mangeln — Mäuse fangen

mangeln = mangele
Mann, der Frauen nachstellt = Pruumestrieker
Männer = Mannslüh
Männerheim = Männekeshüsske
männertoll = mannsdoll
Männlein = Männeke
männlicher Spatz = Möschemänneke
Manschette = Hemmsmaue
Manschettenknopf = Manschetteknuop
Mappe = Mapp
Margarethe = Jretche
Margarine = Majarin
Margeritenblümchen = Majeritteblömke
Maria = Marieche, Marii, Mii, Mimm
Maria Anna = Mariann
Maria Elisabeth = Marliss
Maria Heimsuchung = Maria Eendropp, = Mariasiep
Maria Katharina = Marikatring
Maria Luise = Marliss
Maria Magdalena = Marlenche
Maria Sybilla = Marizzebell
Mariahilf = Mariahölp
Marianne = Mariann
Maria-Sibilla = Billa
Marienkäfer = Flimmflämmke
Marionette = Pappkopp
Markt = Maart

Marktfrau = Appelstieef, Maartwiev, Maatwiev
Marktfrau, resolute = Tieef
Markttag = Maartdag
Marmelade = Marmelad
Martin = Mäetes
März = Mäerz, Meärz
Märzschauer = Mäerzbiss
Maschine = Maschiin
Mass = Mooet
Masseinheit = Luot
mässig = klaaterig
Massliebchen = Meählsöit
Mathilde = Tilla
Matratze = Matratz
Matrose = Matruos
Matsch = Mott
matschen = bäre, beäre, spüete
Matte = Matt
Matthias = Mattes
Mauer = Mur
mauern = mure, muuere
Maul = Braak, Mull
maulen = muule
Maulheld = Schwaadlapp
Maurer = Müe-der
Maurerkelle = Truffel
Maus = Muus
Mäuschen = Müsske
Mäuschen spielen = Müsske spieele
mäuschenstill = müskesstell
Mäuse fangen = muuse

Mausefalle	mildes Abführmittel

Mausefalle = Knippfälleke, Muusfall
Mäusekot = Muuseküetel
Mäuseloch = Muuselooek
Mauser = Muht, Muut
mausern = muusere
Meckerer = Knaatschfott, Kniesterfiester, Knuorpitter
meckern = knöttere, knuore, nörjele
Medizin = Breäkmeddel, Melizing, Mellizin
Meerrettich = Rumelasse
Mehl = Meähl, Meäl
Mehlbirnen = Meählbiere
Mehlbrei = Meählpapp
mehlig = meählich
mehliger Strassenstaub = Melm
Mehl-Milchsuppe = Knüdelkespapp, Knüedelkespapp
Mehlsack = Meählsack
mehr = mier
mein = min, minne
meinen = mieene
meinetwegen = minnetweäje
meint = mint
Meissel = Beitel, Mieeßel
meistens = mirschdens
Meister = Baas, Mieester, Miester
Meister im Maulen = Muulbaas
melden = melde
Melone (Hut) = Stibiffke

Menge = Bärm, Jar, Pack
Mennoniten = Menieeße
Mensch mit weicher Birne = Pappkopp
Mensch ohne Manieren = Bruune
Menschen = Mensche
Menschenauflauf = Menschespieel
Menschenmenge = Menschespieel
Messdiener = De'injong, Deenjong, Di'enjong, Messjong, Schellejönke, Schellemänneke
Messe = Mess, Mieeß
messen = meäte
Messer = Mätz, Metz
Messerstechen = Metzkesteäke
Messing = Tröetejold
Metermaß = Zollsteck
Mett = Mett
mich = mech
Michael = Meckel, Michel
Mief = Mief
Mietparteien = Tersett
Milch = Melk
Milcheimer = Melkstüet
Milchflasche = Melksfläsch, Pull
Milchkanne = Melkstüet
Milchkasse = Melksportmanné
Milchtopf mit Griff = Schäpp
mildes Abführmittel = Brosspolver

Militär — Mohn

Militär = Kamiss, Komiss
Mimose = Krötsche rühr mech net aan
minderwertiger Mensch = Drietsack
minderwertiger Schnaps = Fusel
Minderwertiges = Rotz, Spöi
minderwertiges Getränk = Jesöff
Mine = Simp
Mineralwasser = Selderschwaater, Selters
Ministrant = Messjong
Minute = Minütt
Mirabelle = Marbell
Mispeln = Mespele
missachtend = minachtich
missen = messe
Missfallen = Schnuutezupp
Missgunst = Jieef, Messjons, Messjonz
missmutig = ürich
Missmutiger = ürije Patruon
missmutiger Mensch = Knaatschpitter
Mist = Mess
Mistgabel = Messjaffel, Missjaffel
Misthaufen = Messhuop
Mistkarre = Messkaar
Mistwagen = Messwarel
mit = möt
mit dem = mem

mit der Schubkarre gefahren = jeschörscht
mit Pfennigen spielen = trimpele
mit Schwung = schmackes
mit Wasser spielen = platsche
Mittag = Meddach, Meddag
Mittagessen = Meddageäte
Mittagessen zur Erstkommunion = Avkuomseäte
Mittagessenszeit = Jrünt-en-de-Zupps-Tiet
mittags = Meddes
Mittagsschlaf = Meddagschlooep
Mitte = Medd, Mett
Mittel = Meddel
Mittelmass = Meddelmooet
mittels = meddels
mitten = medde
mittendrin = meddendooetösche, meddendrenn
Mitternacht = Medderneit
mitunter = mötonger
möchte = möht
Mode = Muode
Modejeck = Schwippert
modrig = müffig
mogeln = betuppe
mögen = brieet sieen, möje
möglich = müjelich
Mohn = Klatschmooen

Mohnblume = Mooenbloom
Möhre = Muor
Möhrendurcheinander = Muorepuspas
Möhreneintopf = Muorembönk
Möhrenkraut = Muorekruut
Monat = Monnt
Monat Februar = Spörkel
Mond = Monnd, Mooen
Mondgesicht = Mooenjesieech
Montag = Mooendag
montags = Mondes
moralisierende Person = Quisel
Morast = Somp
Morgen = Morje
morgen = morje
Morgenfrühe = Morjestiet
morgens = morjes
Morgentau = Dau
Motte = Mott
Mücke = Möck
Mückenhintern = Möckeföttsche
müde = müsch
müde Beine = Schleck en de Küüte
müff = möff
Mulde = Kull
Mulde beim Murmelspiel = Köis
Muldenpfanne = Püfferkespann
Müllbehälter = Affalstonn, Drecksemmer
Müllkippe = Kipp
Müllmann = Dreckskeärl
Mülltonne = Dreckskiss
Mund = Bäbbel, Bubbel, Klapp, Monk, Mull, Schnuut
Mundart = Platt
Mundart sprechen = Platt spreäke
Mund-Ausschlag = Krent
Mündchen = Mönke
mundgerecht = mönkesmooet
Mundharmonika = Fump
Mundharmonika spielen = fumpe
munter = krejel
Münzrückseite = Flaakes
Münzvorderseite = Tieekes
mürbe = manks
murksen = fummele
Murmel = Knicker, Mörmel
murmeln = mörmele
Murmelspiel = Küppke scheete
Murmelspielart = Ipp möt Schaares
mürrischer Mensch = Nöttelfönes
Muschel = Moschel
Musikkapelle = Kapell
Muskeln = Maue
muss = moss, mot
müssen = modde, mödde
Muster = Dessäng
Mut = Kuoraasch, Kuraasch
Mut = Moot
mutig = kuraschiert

mutig sein = trou'e
mutiger Mensch = Düwelskeärl
Mutter = Mamm, Modder, Muoder
Muttergottes = Modderjottes
mutterseelenallein = modderselligalleen
Muttersöhnchen = Memmjöngke
Muttersprache = Moddersprooek

Mütze = Kapp, Mötsch, Mütsch
Mütze = Schleäjerkapp
Mütze des Bahnbeamten = Bahnekapp
Mütze mit Bommel = Plümmelsmütsch
Mützenspiel = Kappemball
Muzen (Ölgebäck) = Muuzemandele

N

nach = nooe
Nachäffer = Nooerjemäkde
Nachäfferei = Mafäukes
Nachbar = Nobber
Nachbarn aufsuchen = nobbere
Nachbarn besuchen = nobbere jooehn
Nachbarschaft = Nobberschaff
Nachbarschaft pflegen = nobbere
Nachbarskind = Nobberschkenk
nachdenken = deutere, jräue, nooedenke, simmeliere
nachdenklich = sennich
nachdrücklich = schmackes
Nachdurst = Nooeduorsch
Nachen = Back
nachgeben = nooejeäwe

Nachgedanken = Noorjedanke
nachgucken = nooekieke
nachhalten = nooehalde
nachher = jlicke
Nachhilfe = Norhölp
Nachjagen = Nooejare
nachkarten = norkaarte
nachlassen = nooelooete
nachlässiger Sprecher = Pappschnuut
nachlaufen = nooeluope
Nachmittag = Nooemeddag
Nachschlüssel = Kläuke, Klöffke
nächster = näxde
Nacht = Nait, Neit
Nachtgeschirr = Kaamerpott, Neitsjeschier, Neitspott, Pischpott

Nachtgewand	nehmen
Nachtgewand = Neitspongel	**Namenstag** = Namesdag, Nommesdaach
Nachthemd = Neitshemm, Neitspongel	**Narbe** = Narv
Nachtmütze = Schlooepmütsch	**Narr** = Fastelooewesjeck, Jeck
nachts = naits, neits	**närrisch** = jeck
Nachts tüchtig trinken = schwiemele	**närrischer Zustand** = Lititi
	naschen = schnöbbe, schnöppe
Nachtschwärmer = Neitsüll	**Naschhafter** = Schnöppnaas
Nachtstuhl = Komföörke	**Naschsüchtiger** = Schnöppnaas
Nachttopf = Pischpott	**Naschzeug** = Schnöbberee
Nachwerfen = Nooejare	**Nase** = Nas
Nacken = Kneck, Nack	**Nase hochziehen** = optrecke
nackt = näck	**Nase putzen** = schnuuwe
nackte Füsse = näcke Püet	**Nasenbluten** = Nasebloe
Nadel = Nold, Spelt	**Nasendreck** = Mömmes
Nadelkissen = Speltekösse	**Nasenflügel** = Naseflüejel
Nadelstiche verteilen = pitsche	**Nasenlöcher** = Nasslöeker
Nagel = Narel	**Nasenschleim** = Mömmes, Rotz
nageln = narele	**naseweis** = nasewies
nagen = knabbele	**naseweises Mädchen** = Schnirp
nah = nooeh	**nass** = naat
nahebei = nooehbee	**Nassauer** = Naate
nähen = nieene	**nasse Haarsträhne** = klätschnaate Seäß
Näherin = Nieersche	
Nähfaden = Nieefaam	**Nebel** = Jrieß, Neävel
Nähgarn = Nieejaare	**neben** = neäve
Nähkorb = Nieekörv	**nebenan** = neävenaan
nahm = nooehm	**nebenbei** = neävembee
Nähmaschine = Nieemasching	**nebeneinander** = neävenieen
Nähnadel = Nieehnold, Nieenold	**Nebenkettbaum** = Kantebömke
Nähseide = Nieesie	**Nebensächlichkeit** = Mönnekesärbet
Naht = Nooeht	
Name = Nam	**Neffe** = Tanteskenk
Namen = Nameße	**nehmen** = neähme

Neid — Nimmersatt

Neid = Messjons
Neige = Klatt
Neigung = Treck
nein = eneä, neä
Nelke = Flätt, Flett
nennen = nenne
neppen = neppe
nervös werden = Pempernelles krieeje
Nest = Niees
nett = adig, apart
nettes Mädchen = söite Dier
neu = nöi
neue kleine Kartoffeln = Kraakebörschkes
neuen Mut fassen = opraape
Neues = Nöies
neugeborenes Kind vor der Taufe = Pannesteärzke
neugierig = nasewies, nöijierich, vürwitzig
neugierig machen = brieet maake
Neugieriger = Luorjeäjer, Pottekieker, Spekulöres, Vürwitznaas
Neujahr = Nöijohr
Neujahrsgebäck (Brezel oder Schnecke) = Nöijöhrke
Neujahrsgeschenk = Nöijöhrke
Neuling = nöiter Jönke
Neumond = jonk Leet
neun = nieeje
neunhundert = nieejenhongert

neunzehn = nieejentehn
neunzig = nieejenzich
nicht = net
nicht bei Sinnen = van dä Penn
nicht erlaubt = verbooene
nicht geheuer = wahßend
nicht gelungen = alles Kappes
nicht richtig im Kopf = ticke
nicht wahr = wa
Nichte = Neetche, Tanteskenk
nichts = nix
Nichts = Nobbes
nichts anmerken lassen = stief halde
nichts tun = fulke
Nichtseßhafter = Pänner
Nichtskönner = Kluot
nichtstun = bommele
Nichtswisser = Schnieeblenge
nieder = nier
Niederländer = Hollänger
niederländisch = hollängsch
niedermachen = plattdöe
niemals = suoleäwe net
niemand = nieemes
Nieren = Oeselkes
nieseln = fisele, niesele
Nieselregen = Daagessiep
niessen = prosste
Niete = Lusch
Nikolaus = Looes
Nikolausgebäck = Peäperkockskeärl, Püfferkes
Nimmersatt = Schlonk

nippen = neppe	**nötig** = nöddich, nöddig
nirgends = nörjes	**Notizbuch, kleines** = Kontewitteböckske
Nonne = Bejing, Süester	
Norbert = Nöbb	**Notruf wegen Geldmangel** = Brankbreef
nörgeln = jrase, nörjele	
Nörgler = Fiesekontes. Jraspott, Knaatschpitter, Knaatschpott, Kniesterfiester, Krintekecker	**Nu** = Uorembleck
	nüchtern = nöiter
	Nummer = Nommer
Nörglerin = Kei, Keifott, Knaatsch	**nun** = no, nooe
	nur = bluos, mar
Norm = Rejel	**nur ruhig** = jemaak
Not = Nuot, Nuuet, Schwulität, Uosel, Uuesel, Wöer	**Nuss** = Nuot
	Nussbaum = Nuotbuom
Noten = Nuote	**nutzen** = batte
Notfaden = Nuotfahm	**Nutzen** = Notze
Nothelfer = Nuothelper	**nützlich** = nötzlech

O

ob = ov	**Obstpresse** = Kruutpaasch, Paasch
oben = booeve	
obendrauf = booevendrop	**Obstwiese** = Bongert
Oberflächlicher = Sieewersack	**Ochse** = Ooeß
oberflächlicher Mensch = Flabes, Flieres	**Ochsenkopf** = Ooeßekopp
	Ochsenschwanz = Ooeßesteärt
Oberlicht = Schwaadrämke	**Ofen** = Fanüss, Oewe, Oowe
Oberschicht = Böevershte	**Ofenpfeife** = Ooewespief
Obst = Obbs	**Ofenrohr** = Ooewespief, Tuut
Obstbaum = Obbsbuom	**offen** = ooepe
Obstgarten = Bongert	**oft** = alle Naase lang, döx
Obstkompott = Puspas	**ohne** = möt uohne, ooehne. uohne
Obstkuchen = Obbskok	

ohne Appetit essen = püemele
ohne Einsatz spielen = flautes
ohne Orientierung = druut
ohne Umschweife zur Sache kommen = Tacheles spreäke
ohnmächtig = fläu, van de Penn
ohnmächtig werden = fläu falle
Ohr = Uohr
Ohrfeige = Uurfiech, Watsch
ohrfeigen = tachele
Ohrfeigen = Wammänner
Öl = Oel. Ooelig
ölen = schmeäre
Oma = Jruoß
Onkel = Uohme
Oper = Öperke, Üeperke
Opferkörbchen = Klengerbüll

Oppumer = Oppumsche
Orchester = Kapell
ordentlich = örndlich
ordinärer Mensch = Leäje
ordnen = postiere
Ordnung = Ooeder
Orgel = Örjel
Orgelkasten = Örjelskaas
Orgelpfeife = Örjelspief
Ort Straelen = Strooehle
Ortsbezeichnung = Düwelshött, Stübbes Kull
Ortsteil Inrath = Ennert
Öse = Kramp, Krämpke
Ostern = Pooesch, Uostere
oweh! = owieeh!

P

Pack = Jesocks
Packen = Pack
packen = packe
Packerin = Packersche
paddeln = paddele
Palmbündel = Palmfeäsel
Palmesel = Palmeäsel
Palmsonntag = Palmsonndach
Panhas = Klappertüüt
Pantoffel = Muff, Selfkanteschluff
Papa = Papp

Pärchen = Peärke
Pastor = Pastur
Patenkind = Patekenk
Patenonkel = Päeterohme, Päeterouhme, Päeteuome, Päteouhme
Patentante = Jöeletant, Jöeschtetant, Kompieersche
Patin = Kompiersch
Pauke = Trumm
Pause = Raas
Pech = Malör, Peäk

Pechfackel — Pflaume

Pechfackel = Peäkfackel
pechschwarz = peäkendüster, peäkschwatt
Pedale am Webstuhl = Treän
Pedant = Peärdsküetelsjenaue
Pein = Ping
peinigen = tranzeniere, tranzioniere, schenierlich, schinant
Peitsche = Pitsch, Schmeck
Pelle = Pell
pellen = pelle
Pellkartoffeln = Pelleärpel
Pensionsgast = Kooeßjänger
Pensionswirtin = Ko-eßhuusfrau
Person auf Freiersfüssen = Freeköörsch
Perücke = Pröck, Prök
Peter = Pitt, Pitter
Petersilie = Peterzillije
Petroleumslampe = Ooelingslamp
Petronella = Nelli
Petzer = Klapei
Pfad = Padd, Patt
Pfahl = Pooel
Pfand = Pank
Pfandhaus = Pankhuus
Pfanne = Pann
pfannenfertig = pännekefett
Pfannkuchen aus rohen Kartoffeln = Schnibbelskock
Pfarrhaus = Pasterat
Pfauhahn = Pau

Pfeffer = Peäper
Pfeffergebäck = Moppe
Pfefferkuchen = Peäperkock
Pfeifchen = Piffke
Pfeife = Pief
pfeifen = fimpen
Pfeifenkopf = Piefekopp
Pfeifensud = Piefesieewer
Pfennig = Penning
Pferd = Peärd
Pferdefleisch = Peärdsflieesch
Pferdegeschirr = Haam
Pferdehinterseite = Peärdsfott
Pferdehinterteil = Peärdsfott
Pferdekarre = Peärdskaar
Pferdeverstand = Peärdsverstank
Pferdewagen = Bottkaar
pfiffig = nasewies
Pfingsten = Pengste
Pfingstrose = Pengsruos
Pfirsich = Pieersch, Plüschprumm
Pflanzen: = Hongskamelle, Jöfferkes
Pflanze = Plant
pflanzen = plante, pooete
Pflanzgut = Jesöems
Pflanzkartoffeln = Pooeteärpel
Pflanzleine = Pooeteling
Pflanzschnur = Pooeteling
Pflanzstab = Pooetsteck
Pflaster = Pläckske
Pflaume = Prumm

Pflaumen = Prume
Pflaumenbaum = Prumebuom
Pflaumenkuchen = Prumetaat
Pflaumenmus = Prumedätsch
Pflaumensuppe = Prumezupp
pflegen = putze
Pflücken = Plöck
pflücken = plöcke
Pflücksalat = Plöckschlaat
Pflug = Plog, Plooch
Pfropfen = Proff
pfui = ba !
Pfund = Ponk
pfundweise = ponkwies
Pfütze = Waaterpooel
Philipp = Fipp, Phüppke
pickfein = pöck
piesacken = terje
pilgern = peljere
Pille = Pell
Pillen = Pelle
Pillendreher = Pelledrieener
Pilzart = Peddestöhl
pingelig = quiselig
Pirol = Pengsvurel
Plage = Plooech, Plooeg
plagen = plooere
Planke = Plank
planschen = matsche, plansche
Plantage = Plantaasch
Plappermaul = Bäbbel, Keifott
plappern = bubbele
plärren = bleäre

platonische Liebe = Kiekverhältnis
plattdrücken = plattdöe
Platte = Plaat
Plätteisen = Büjeliiser
Plattfuss = Plattpuuet, Rabattetreäner
platttreten = plattreäne
Plockwurst = Kapettwuorsch
plötzlich = kapaaftig, marschtich, marschtig, puffpaff
plump = bott
plump anstellen = bott aanstelle
plumpes Hinterteil = Borembahnhooef
Plunder = Krempel
pochen = tuppe
pökeln = pi'ekele
Polizist = Putz, Schandärm
poltern = boldere, rubbele
Pommes frites = Pommes
pörkeln = knibbele
Porree = Breetlook, Brieetluok, Zuppejröin
Portion = Porziuon
portionieren = porziuoniere
Porzellan = Postelien, Postellin
Post = Pooeß
Postbeamter = Pooeßhengs
Postbediensteter = Breefdräjer
Posten = Pösske
Postillon = Posteljong
Postkarte = Pooeßkaart
Postkutscher = Posteljong

Postpferd = Pooespeärd, Pooeßhengs
Postwagen = Pooeßwarel
poussieren = karressiere
prächtiges Mädchen = statse Dier
prahlen = stronze, stüte
Prahler = Aanjeäver, Jruotschnuut
Prahlhans = Stronzbüll
prall gefüllt = proppevoll
predigen = präddije
Predigt = Präddich
Preis = Pries
preiswert = bellig
Presse = Paasch
pressen = paarsche, paasche
Priem = Stef
primitiver Mensch = Pröllmann
Printe = Prent
Prise = Schnüffke
probieren = koore, prakesiere
Probierstück = Koorstöck
probiert = jekohrt
Programm = Projramm
prompt = pront
prost = pross

Protest = Kwessiuone
Prozess = Prozeäs
prozessieren = prozessiere
Prozession = Prozessiuon
Prügel = Klöpp
prügeln = bengele, kamisooele
Pudel = Puddelhonk
Puderzucker = Stampzucker
Pulver = Polver
pulvertrocken = polverdrüch
Pumpe = Pomp
pumpen = pompe
Pumpenschwengel = Pompeschwengel
Pumpentrog = Pompeback
Pumpenwasser = Pompewaater
Punkt = Ponkt
Punkt auf dem I = I-Pünkske
Pünktchen = Pünkske
Puppe = Pop, Popp
Puppentheater = Poljoneskaas
Puppenwagen = Poppewarel
Purzelbaum = Tommelüet
pusten = puuste
putzen = putze
Putzer = Pliesterer

Q

quabelig = wabbelich
Quacksalber = Quacksalver
quaken = quake
quälen = piesacke, tärje
quälen = tranzeniere, tranzioniere, trebbeliere
Quälgeist = Queäljiees
Quark = Flüetekiees
Quaste = Quaas
Quaste zum Weissen = Wittkwass
Quatsch = Stuss

Quatsch erzählen = siewere
quengeln = kei'e, knaatsche
Querkopf = Querdriever, Querkopp, Ürpott
Quertreiber = Queerdriewer
Quertreiber = Querdriever
quetschen = knötsche, quätsche
Quintseite = Quent
quittengelb = quittejeäl
Quittungsbüchlein = Lieewerböckske

R

Rachen = Tröet
Radaubruder = Krakeler
Radieschen = Radieske
raffen = raape, ramsche, schrappe
Raffinierter = Ooes
Rahmbonbon = Kamelle
Rand = Rank
randloser Frauenhut = Kapotthötche
randvoll = rankvoll
ranzig = jilg

rappeln = rabbele, rappele
rar = selde
rar gemacht = abßent
rasend = röesig
Rasenstück = Kuus
raspeln = aspele
Rast = Raas
Rat = Rooet
raten = rooene
Rathaus = Rooethuus, Stadthuus
ratsam = rooensam
Rätsel = Röetsel

Ratsherr	**Reihfaden**

Ratsherr = Rooetsheär
Ratte = Ratt
rattern = rattere
Raubauke = Rabau
Rauch = Rook
rauchen = püffe, ruuke, schmocke
Räucherhering = Böckem
Räucherkammer = Rökes
räuchern = rökere
Raum = Ruuem
räumen = rüeme
Raupe = Ruup
rauschen = ruusche
Rauschen, unheimliches = Düwelswenk
Rebe = Druvewengel
Rechenbuch = Reäkenbock
Rechenkünstler = Reäkembaas
Rechenmeister = Reäkembaas
rechnen = reäkene
Recht = Reit
rechthaberisch = astrant
rechts = reits
rechtsherum = reitseröm, reitserömm
rechtsum = reitsömm
recken = räkele
reden = beiere, kalle, lawere, praate, vertälle
Reden halten = parliere
Rederei = Bäbbel
Redner = Bäbbelmanes
Rednerpult im Karneval = Bütt

redselige Oma = Palaverjruoß
Redseliger = Quatschkopp
Redseliger = Schwadronör
Regal = Reckske
Regel = Rejel
regeln = rejele
Regen = Reäje
Regen- bzw. Schichtwolken (Stratus) = Twe'elswolke, Waaterwolke
Regenguss = Biss, Reäjeschuor
Regenrinne = Daakkall, Kall, Rinn
Regenschauer = Reäjeschuor, Schuuer
Regenwasser = Reäjewaater
Regenwetter = Reäjeweär
Regenwurm = Pirk
Regine = Rejing
regnen = plästere, reäjene
Reibe = Reev, Rief
Reibeisen = Riewieser
Reibekuchen = Reevkock, Rievkock
reiben = riewe
reich = riek
Reiche = Rieke
reichen = rieke
reif = riep
Reifen = Bank, Riep
Reifentreiben = Bankdrieewe
reifes Mädchen = Mammsell
Reihe = Reeih
Reihfaden = Reihfahm

rein — Rost

rein = propper, reen
Reineclauden = Rengelotte
reinigen = reinije
Reinigungs-Unternehmer = Mott Anton
Reinlichkeit = Propperetät
Reis = Riis
Reise = Rees
Reisebetrieb = Kajeärbetrieb
reisen = reese
Reiser = Riiser
Reisgericht = stiewe Ries
reißen = riete
reiten = rie'e
resolute Marktfrau = Tieef
Respekt = Kadangs
Respekt haben = Strang häbbe
Rest = Flerk, Klatt, Knös, Knüerzke, Stomp
Rest der alten Kette (Webersprache) = Drüemel
Rest, kleiner = Klätsch
Restaurant = Wieertschaff
Restekiste = Lappekiss
Rettiche = Romelasse
Rhein = Rhien
Richard = Rich
richtig = reit
riechen = ruuke
Riegel = Schall
Riemen = Reem
Riet = Re-it
Rind = Renk
Rinder = Renger
Rindfleisch = Renkflieesch
Rindfleischsuppe = Renkflieeschzupp
Ring = Reng
Ringeltäubchen = Rengeldüfke
ringen = renge
Rinne = Renn, Rinn
Rinnstein = Rennstieen
Rippe = Rebb, Repp
riskieren = reskiere
Riss = Baarsch, Rieet, Sprong
Riss im Stoff = Seäß
Ritze = Rieet
Robert = Röbb
robuster Junge = Bengel
rodeln = rodele
Rodonkuchen = Rodongkock
Rogen = Küüte
Rohr = Rüer
Röllchen = Rölleke
Rolle = Roll
rollen = rolle
rosa = rosarisch
Rose = Ruos
Rosenkohl = Sprüttsches, Spruute
Rosenkranz = Ruosekranz
Rosinenbrötchen = Krentebröttche, Stüttsche
Rosinenstüttchen = Krentebröttsche
Rosinenweißbrot = Krenteweck
Rossapfel = Peärdsküetel
Rost = Rooes

rostig = rooestig
rot = ruuet
rote Beete = Karuod
Röteln = Röddele
rothaarig = fussig
rothaarige Person = Blaue, röesije Bessem
Rothaariger = Fuss
rothaariger Mensch = Fuoß
rothaariges Kind = Füsske
rothaariges Pferd = Fuoß
Rotkohl = ruode Kappes
Rotz = Mabell
Rübe = Rööb, Röv
rüber = rüever
Rüböl = Röböel
Rübstielgemüse = Stellmoos
Ruck = Däu
Rücken = Krütz, Röck
Rückenpartie = Hucke
Rückgrat = Röckstrank
ruckhaft schieben = schibbele
Rücklage = huore Kant
Rudolf = Rull
Ruf = Roop
rufen = rope
Rüffel bekommen = Zijare krieje

Ruhe = Rouh
Ruhebett = Kanapee
ruhig = höersch, kusch, röich
Rührstock = Färverschknöppel
rülpsen = bölke
Rumpekammer = Rompelkaamer
rund = ronk
runder Rücken = Puckel
rundes Gesicht = Mooenjesieech
rundes Weissbrot aus der Kasserolle = Pottweck
Rundfunkgerät = Knaatschdöppe
rundlich = karsellig, pummelich
rundum = röm on töm
Runkelrübe = Ronkelröv, Ronkelsröiv
runter = ronger
Rüpel = Rabau
russiger Qualm = Schwalg
rüstig = krejel, röstich
Rutsch = Rötsch
rutschen = rötsche
rütteln = rabbele, rappele, röddele, schockele

S

Saat = So'et, Sooet
Sabbat = Schabbes
sabbern = siewere
Säbel = Zaabel
Sache = Saak
Safthersteller = Kruutpaasch
Saftpresse = Kruutpaarsch
Säge = Sääsch, Seäch
sagen = saare, sägge
sägen = säje, seäje
sagenhafter Ort = Löckebommel
sagst = säss
sagt = sät
sagte = seit
sähen = sieene
Saison = Flüer
Salat = Schlaat
Salbe = Salv
Salbei = Sällef
Salz = Salt
Sämerei = Jesöems
sammeln = schrappe
Sammelschublade = Krooesschublad, Krooestreck
Sammler = Krooespitter
Samstag = Samsdach, Samsdag
samstags = samsdes, et
Samt = Sammert
samtartiges Gewebe = Plüsch

Samtweber = Sammertweäwer
Sand = Sank
Sandgrube = Sankskull
Sandmännchen = Sankmänneke
sanft = sengt, senkt
Sankt = Zen
Sankt Martin = Mäertes, Ze Mäertes, Zimäertes
Sankt Nikolaus = Klooes, Zenter Klooes
Sarg = Duuedekiss, Kiss
Satan = Zaras
Sau = Kusch
sauber = propper
Säuberbogen = Süverbooem
Sauberkeit = Propperetät
Säuberstock = Süüwersteck
sauer = suor
Sauerbraten = Suorbrooede
Sauerkraut = suore Kappes
Sauerkrautfaß = Kappestonn
saufen = suupe
Säufer = Schnapsnas, Süper
Sauferei = Suuperee
saugen = nüggele
Säule = Süll
Saum = Suum
säumen = süme, süüme
saumseliger Mensch = Dröemel

saures Gesicht = Schnuut, Schnuutezupp	**schauen** = piele
sausen = scheäse	**Schauer** = Biss, Schuor, Schuuer
Schabe = Schav	**Schaufel** = Schöpp
schaben = fitsche, schrabbe	**Schaufelstiel** = Schöppestieel
Schaber = Schaav	**Schaukel** = Schockel
schäbig = schäbbich	**schaukeln** = schockele, waggele
schäbiges Kleid = Fummel	**Schaukelpferd** = Schockelpeärd
Schacht = Pütt	**Schaum** = Schuum
schade = schad	**Schaum saugen** = Schümke trekke
Schaden = Schad	**schäumen** = schüme
Schaf = Schooep	**Schaumlöffel** = Schümmleäpel
Schäfchen = Schöppke	**scheel** = scheäl
Schäfchenwolken = Schöppkeswolke	**Scheibe** = Ruut, Schiev
Schafmist = Schoppsküetel	**Scheibenkartoffeln** = Schieweeärpel
Schafstall = Schooepstall	**Schein** = Schien
Schale = Schal	**scheinen** = schiene
schälen = schälle	**scheinheilig** = schienhellich
Schalk = Schnaak	**scheint** = schint
schalkhafter Mensch = Schauter	**Scheisse** = Driet
Schallplatte = Plaat	**scheissen** = driete
Schallwort = paaf, päng, Rubbeldidup	**Scheitel** = Scheei, Sche-i
Schälmesser = Schällmetz	**Scherbe** = Hinkelscherv, Scherv
Scham = Schamde	**Scherbrief als Anweisung für den Weber** = Scheerbreef
schämen = schaame, schame, scheniere	**Schere** = Schier
scharf = schärp	**Scherenschleifer** = Schiereschlieper
scharfer Schnaps = Kapaaftig	**Schererei** = Kwessiuon, Quessiuon
Scharnier = Schanier	**Schererin** = Scheresche
scharren = schaare	**Scherrahmen** = Scheerrahm
Schauder = Schuuer	
schaudern = schuddere	

scherzhaft für Spatz   schlafen

scherzhaft für Spatz = Möschtijall
Scherzwort = Herringsbändijer
scheu = schöi
scheuen = schö-e
Scheuerbesen = Schrubber
Scheuerblech = Schuorbläk
scheuern = schrubbe, schuore, schure
Scheuersand = Schuorsank
Scheuertuch = Twi-el
Scheune = Schüer
Scheunentor = Schüerepooert
Scheunentor im Westbezirk = Krützpoort
Schick = Scheck
schicken = schecke
schieben = schubbse, schürje, schuwe
Schieber = Schall
Schiebweg = Schürjsweäg
schief = schieef
Schieferpfanne = Lei
Schieferstift = Jreffel
schielend = scheäl
Schielende/r = scheäl Üll, Scheäle
schiessen = scheete
Schießspule = Schöttspoul
Schiff = Schepp
Schiffchen = Scheppke
Schild = Scheld
Schilderhaus = Schelderhuus
Schilfkolben = Lampeputzer

Schilfrohr = Lüüsch, Schackau
Schimmel = Schümmel
schimpfen = käffe, Lavitte leäse, muule, schänge, schenge
Schimpfer = Muulbaas
Schimpfworte: = Aapefott, alde Büll, Biees, dollen Hoot, Domme, Fent, Dreckschwälv, Duorjedöide, duov Nu-et, Dusseldier, Ferkesnieres, jeck Jeschirr, Jestuckde, Jippshellije, Kappeskopp, Klotzkopp, Mooenkalv, Nöcklefönnes, Ooeßekopp, Pappkopp, Piefekopp, Piesepampel, plemmplemm, scheäl Üll, Schloot, Schnieeschöpper, Stenkstieewel, Üewerjeströppde
schinden = trieze
Schindluder = Schennooes
Schindmähre = Schennmär
Schinken = Schenk
Schirm = Paraplüh
schirpen = schirpe
schlabbern = zubbele
Schlacke = Sengsele
Schlacksiger = Halfjehang, Halvjehang
Schlaf = Schlooep
Schlafanzug = Neitspongel
Schlafdecke = Pölv
schlafen = pänne, schlooepe

schlaff — Schluck

schlaff = schlapp
Schlafliedchen = Schlooepledsche
schläfrige Person = Schlooepmimm
Schläfriger = Müschmann, Schlooepmütsch
schläfriger Mensch = Drüemel
Schlafstatt = Fluohkiss, Heija
Schlafzimmerfenster = Kaamerfenster
Schlag = Hau
schlagen = schlare
Schlaggerät = Lukas
Schlamm = Matsch, Mott, Prattsch
Schlampe = Schlonz
schlampig gehen = laatsche
Schlange = Schlang
schlapper Mensch = Prentemann
Schlauberger = Fuobes, Schlaatevurel
Schlaufe = Schlopp
Schlaumeier = Schlaatefex, Schlawiener, Wiese, wiese Fuobes
schlecht = schleit
Schlechte = Schleite
schlechte Luft = Mief
schlechter Mensch = Dreckskeärl
schlechtes Deutsch = strieepedütsch
schlechtes Licht = Överdagsleet
schlechtes Wetter = Uoselsweär
Schlechtgelaunter = Ürije
schlecken = schluuke
schleichen = schlieeke
Schleier- oder Federwolken (Cirrus) = Feärewolke
Schleife = Schliep
schleifen = schliepe
schleifend gehen = schluffe
Schleiferei = Schliep
Schleifstein = Schlippstieen
Schleim = Schliem
schlendern = socke
schlenkern = schlenkere
Schleppe = Schläpp, Schlepp
schleppen = schleppe
Schleuder = Fletsch
schleunigst = halsüewerkopp
schliessen = schluute
Schliesskorb = Schluutmang, Schluutmängke
schlimm = ärg, jarschtisch
Schlinderbahn = Schliebahn
schlindern = schlie'e
Schlinge = Schleng, Stropp
Schlinge legen = ströppe
schlingen = freäte, schlenge, schlonke
Schlitten = Tummelkies
schlittern = schlii-e
Schlittschuhe = Schreckschuhn
Schloss = Schlooet
Schluck = Schlock

Schluck Bier = Meärzbiss
Schluckauf = Heckepeck, Schleck
schlucken = schlocke
schlüpfrig = flutschig
Schlüsselloch = Schlüetelslook
Schlüssel = Schlüetel
Schlüsselbrett = Reckske, Schlüetelsräckske
schmachten = jööme, jöömere, jüeme, juemere
schmackhaft = lecker
schmales Haus = Möschekäuke
schmales Kerlchen = Spenneflecker
Schmalz = Schmalt
Schmalzgebäck = Püfferkes
schmausen = schmispele
schmecken = schmaake
Schmeichelei = Schmus
schmeicheln = schmuse
Schmeichler = Prumestrieker, Pruumestrieker
schmeissen = schmiete
Schmerz = Ping
Schmied = Schmedd
schmieren = schmeäre
Schmierseife = Schmeärsieep
schmilzen = schmelte
schminken = schmenke
schmirgeln = schmirjele
Schmitzens Backhaus = Schmetz Backes
schmücken = schmöcke

schmuddelig = schmörmelich
schmuddeliges Kind = Küschke
Schmutz = Schmeär
Schmutzfink = Mottläuke, Pottfenk, Schmärlapp
schmutzig = schmeärig
schmutziger Mensch = Schmärlapp
Schnabel = Schnäbbel
Schnäppchen = Jeleäjenhieet, Rengeldüfke
schnappen = fange
Schnaps = Schabau
Schnaps in kurzen Gläsern = Körtfur
Schnaps, herber = Fuhrmannsjeär
Schnapsglas = Penneke, Pineke, Pingke
Schnauze = Schnuut
schnäuzen = schnuuwe
Schnecke = Schleck
Schnee = Schniee
Schneeblinder = Schnieeblenge
Schneeschieber = Schnieeschöpper
schneeweiss = schnieewitt
schneiden = schnie'e
Schneider = Jaloppschnieder, Schnieder
Schneiderbüste = Manka
schneien = schne-e
schneit = schneet

189

schnell | Schuhlöffel

schnell = flöck, jau, rang-zang, Rubbeldidup, zack-zack
schnell fortbewegt = jeflitzt
schnell laufen = flitze
schneuzen = Nas huochtrecke
Schnibbelsbohnen = Fitschbuohne
Schnipsel = Schnibbel
schnipseln = schnibbele
Schnitte = Schniee
Schnittlauch = Luuekpiffkes, Piefelöckske, Piffkes
Schnittsalat = Plöckschlaat
schnüffeln = schnöffele
Schnüggel = Nüggel
Schnuller = Föppke, Nüggel
Schnupftabak = Schnüffke, Schnuuvtebak
Schnur = Ling
Schnurrbart = Schnäuz
Schokolade = Schoklad
schon = ald, all
schön = nett, schüen
schon wieder = all wieer
schöne Arbeit = en feine Kett
Schöpfbrunnen = Pött
Schöpflöffel = Schöppleäpel
Schoppen = Schobbe
Schornstein = Schorestieen
Schornsteinfeger = Scharutt
Schote des Johannesbrotbaumes = Johannesbruot
Schramme = Schrooem

Schrank = Kaas
Schrank für Garnrollen = Babengekaas
Schränkchen = Bobingekeäske
Schräubchen = Schrüffke
Schräubchen = Schrüfke
Schraube = Schruuv
schrauben = schruuve
Schreckschraube = Schreckschruuv
Schrei = Krieesch
schreiben = schriewe
schreien = kriete, schrei'e
schreiend rot = krieeschruet
Schreiner = Schriener
Schrift = Schreff, Schriff
schriftlich = schrefflech
schriftlich = schrifflech
Schriftstück = Schriewes, Wisch
Schritt = Schrett
schrittweise = schrettwies
schröpfen = schröppe
schrullige Frau = Fricko
schrumpft = krimt tusame
Schubkarre = Schörreskaar, Schürjskaar
Schublade = Treck
Schubs = Däu
schubsen = döie, rempele
Schuh = Schuhn
Schuhabsatz = Hack
Schuhanzieher = Schuhnsleäpel
Schuhkarton = Schuhnskartong
Schuhlöffel = Schuhnsleäpel

Schuhputzbürste = Wixbüerschel
Schuhriemen = Schuhnsreem
Schuhsohle = Schunslapp
Schulaufgaben = Schollsaakes
Schuld = Schold
Schulden = Latt
schuldig = schöldig
schuldig bleiben = lompe looete
Schuldigkeit = Schöldigkieet
Schule = Scholl
Schüler = Scholljong
Schulmesse = Schollmiees
Schulter = Scholder
Schultüte = Scholltüt
Schulzeit = Scholltiet
Schumacher = Fleckschuster
Schümke = Hosskockswaater
schunkeln = schonkele
Schuppen = Schopp
schürgen = schörje
Schürhaken = Reckelieser
Schürze = Schothfell
Schürze mit Brustlatz = Schallek
Schürzenband = Bengel
Schürzenjäger = Freeköörsch, Jänger, Mädschesfüüt, schärpen Hahn
Schürzenverschluss = Bändel
Schüssel = Back, Komp, Schöddel, Schottel
Schüsselregal = Schottelschaap
Schussglas = Schöttjlas
Schlußstein für die Sauerkrauttonne = Kappestonnestieen
Schuster = Schuhnsmäeker
schütteln = schockele. schöddele
schütten = schödde
Schütze = Schötz
Schützenfest = Schötzefess
Schützenkönig = Schötzeküenich
Schützenumzug = Schötzezoch
Schützenzug = Schötzezoch
Schutzpatron = Patruon
Schutzpolizist = Putz, Schuppo
schwach = mau, miselich, schlapp
schwächlich = miselich
Schwachsinniger = wieeke Bie'r
Schwager = Schworer
Schwägerin = Schweäjersche
Schwalbe = Schwälv
Schwamm = Spons
schwammig = quabbelig
Schwanz = Steärt, Steärz
schwänzen = bommele
Schwänzer = Bläuel
Schwarte = Schwaat
schwarz = schwart, schwatt
Schwärzungsmittel = Pottluot
Schwarzwurzel = Schorzeneere
Schwatz = Bubbel
schwätzen = kwassele, lawere, praate, quatsche, schwaade, sieewere, traatsche

Schwätzer = Quatschkopp, Schwaadlapp, Sieewersack
Schwätzerin = Traatschmull
schweben = schweäwe
Schwefel = Schweävel
schweigen = schwieje
Schweiger = drüje Pitter
Schwein = Ferke, Kusch
Schweinchen = Pöggske
Schweine = Pögge
Schweinebraten = Karbenaat
Schweinefleisch = Ferkesflieesch
Schweinefuss = Ferkespuot
Schweinerei = Ferkesseree
Schweinestall = Ferkesstall
Schweinskopf = Ferkeskopp
Schweiss = Schwieet
Schweissfüsse = Schwieetpüet
Schwelle = Dörpel
schwer = schwor
schwer arbeiten = brassele, stalpe, wühle
schwer betrunken sein = fies enieen häbbe
schwer vertan = fies verdooen
Schwerarbeiter = Brasselskuh, Wirkspeärd
schwere Arbeit = Stalp
schwerer Anfang = Aanjang
schwerer Mantel = Beus
schwerer Pfeifentabak = Knaster
Schwerhörige/r = duov Nu-et

Schwester = Bejing, Süester
Schwiegersohn = Schweejersuohn
Schwiegertochter = Schweejerdauter
Schwimmbad = Schwemmbad
schwimmen = schwemme
schwindelig = plümerant
schwindeln = kuohle, kuuele
schwitzen = schwieete
schwül = benaut
Schwuler = Wärme
Schwung = Kawuppdich
sechs = seäs, seäß
sechshundert = seäßhongert
sechsundzwanzig = seäßontwentig
sechzehn = sesstehn
sechzig = sessich
Seele = Sieel
Seemann = Matruos
Segel = Sejel
segeln = sejele
Segen = Seäje
segnen = seäjene
Sehbehinderter = Brellekieker
sehen = kieke, siehn
sehr = brieet
sehr betrunken = drietvoll
sehr geirrt = fies verdooen
sehr grosser Durst = Peärdsduorsch
sehr nass = klätschnaat, pitschnaat, drieetnaat

Seiber   Simon

Seiber = Sieewer
Seide = Sie
Seidenabfall = Sieknöngel
Seidenfadenknäuel = Sieeknöngel
Seidenknäuel = Sieknöngel
Seidenpflücker = Plöcker
Seidenschlips = Plastrong
Seidenweber = Sieeweäwer, Sieweäwer
Seife = Sieep
Seifenbehälter = Siepebäckske
Seifenblase = Sieepeblooes
Seifenblasen = Sieepeblooese
Seifenlauge = Sieepeluoch
Seifenschale = Sieepebäkske
Seil = Sieel
Seilchen springen = Sieelsprenge
Seilspringen = Sieelsprenge
sein = sieen, sin
sein lassen = avkuome
seine = sinne
seinetwegen = sinnetweäje
Seite = Sie
seitenlang = sieelang
Seitenwind = Sieewenk
selbst = selvs
selig = sellig
Sellerie = Zellerie
selten = abßent, selde
Selterswasser = Selderschwaater
seltsam = jelonge, klöchtich, klöchtig

Seltsamer = Seldene
seltsamer Mensch = Kluot, Okulieerde
senden = schecke
Senf = Mostert
Senftopf = Mostertpott
senil = verkengscht
Senkblei = Luot
Senke = Senk
Service = Zervies
Serviette = Zerviett
Sibylle, Sibylla = Bell
sich abmühen = frassele
sich anstellen = markiere, quaatsche
sich aufspielen = mankiere, markiere
sich beeilen = kajere
sich benehmen = schecke
sich vergnügen = amesiere
sich vordrängen = duurpaasche
sich zugute tun = beduon
sicher = sieeker, sieker
Sicherheitsnadel = Schlonznold
sicherlich = sieeker dat
Sie = se
Sieb = Seih
sieben = seihe, sieewe
sieben = si-ewe
siebzehn = sieewenteen
siebzig = sieewenzech
Silber = Selver
silbrig = selverich
Simon = Simm

sind   sparen

sind = send
singen = senge
Singvögel: = Fitasch, Growatsch, Schwartkopp, Ziß, Zisterwitt
sinken = senke
Sinkloch = Zenkslooek
Sinn = Senn
sinnieren = simmeliere
Sirup = Katzeliem, Zirup
Sitz = Sett
Sitzbrett am Webstuhl = Settesplank
sitzen = sette
Sitzfleisch = Settflieesch
so = suo
so einer = sonne
so und so = suo on suo
Socke = Sock
Socken = Kooße, Kousse
Sodbrennen = Suorbrenne
soeben = eäwes, jrad
Sofa = Kanapee
Sofa = Kannapee, Schäselong
Sofia = Soffi, Zöff
sofort = stondsfoot, tireck
sogleich = jlicke
Sohle = Sooehl
Sohn = Suohn
Soldat = Preuß, Zaldat
Soldaten = Kamiss
solide = däftig
Sommer = Suomer
Sommerferien = Suomerfierije

Sommerkirmes = Suomerkermes
sommerlich = suomerlech
Sommersprossen = Spruute, Suomersprotte
Sommertag = Suomerdaach
sonderbarer Heiliger = Zinnuotes
sonderbarer Mensch = Patruon
sonderlich = klöchtig
Sonne = Sonn
sonnen = sonne
sonnig = sönnig
sonntags = et Sonnes, sonndes, sonnes
Sonntagskleidung = Sonndagsstaat
sonst = sons, sües
Sophie = Zöff
Sorge = Sorch
sorgen = sorje
Sorgen machen = örschele
Sorte = Zooert
Soße = Zaus
sozusagen = suotusägges
Span = Spoen
spanischer Flieder = Maiblom
Spanner am Webstuhl = Spannholt
Spannkordel = Spannkooerd
Spannriemen = Spannreem
Sparbuch = huore Kant
Spardose = Sparduos, Sparpott
sparen = spare

Spargel = Sparjel
Sparkasse = Sparkass
Spass = Fück, Jux
Spaß auf Kosten anderer = et Hänneske maake
Späsa = Spüek
spaßen = spasse
Spassmacher = Fuuebes, Mäuzkesmaaker, Schauter
Spassvogel = Fuck, Hänneske
spät = laat
Spaten = Schöpp
Spatz = Mösch, Schrupp
Speckschwarte = Speckschwaat
Speckseite = Specksie
Specksosse = Speckzaus
Speckstückchen = Rütterkes
Speckwürfel = Rütterkes
Speiche = Spieek
Speicher = Söller
Speicherzimmer = Söllerkaamer
Speis = Spies
Spekulatius = Speklaats
spekulieren = spekeliere
Spelze = Kaaf
spendabel = splendit
spendieren = spendiere
Spendierhose = Spendierbox
Sperling = Mösch
Spezialpfanne = Püfferkespann
Spiegel = Spieejel
spielen = spieele
Spielfeld = Hinkelpank
Spielfeldabschnitt = Pank

Spielgerät = Holländer
Spielkarte = Schöppembuor
Spielkarten = Kaarte
Spielkreis = Kränzke
Spielkreisel = Ruutesprenger
Spielkugel = Bomm
Spielruf = Kleckkleck-do-bös
Spielstein = Hinkelscherv
Spinne = Spenn
spinnen = spenne
Spinner = Spenner
Spinngewebe = Freier, Spennjewebbs
Spitz (Hunderasse) = Spetz
spitz = schnippich
spitz = spetz
Spitzbube = Spetzbouv, Spetzbuev
Spitze = Spetz
Spitze abschlagen = kippe
Spitzentuch = Fichü
Spitzfindigkeiten = Fisematente
Spitzhacke = Pillhack
Spleen = Fimmel
spleissen = spliete
Splint = Splent
Splitter = Splenter
splittern = splettere
Sprache = Sprooek
sprachlos = paff
sprechen = kalle, parliere, quake, sägge, spreäke
sprengen = sprenge
Sprengwagen = Jitschkanonn

Spreu = Kaaf	Stadtbezirk Steckendorf = Stempelsdörp
sprießen = spruute	Stahlrahmen am Webstuhl = Re-it
springen = sprenge	stammeln = stamele
Spritze = Spüet	stampfen = kwätsche, kwetsche, stampe, trampele
spritzen = spüete	Stände = Kröem
Sprosse = Sprot	standen = stonge
Sprossenleiter = Sprotteledder	Stange = Staak, Stang
Sprotten = Sprötte	Stangenbohne = Staakebuohn
sprühen = spröhe	stank = stonk
Sprühregen = Fiselsreäje	Star = Sprooen
Sprung (im Glas oder Krug) = Baarsch	Stare = Sprooene
Sprung = Sprong	stark = stärk
Spucke = Spöi	stark beschäftigt = dröck
spucken = spöe	stark regnen = pliestere, siepe
Spuk = Spuok	starkes Brett = Plank
Spule = Spoul	Startlinie = Aan
Spule zum Mustern = Stickschött	Station = Staziu-en
spülen = spöile	stattlich = Staat
Spülgut = Spöil	Staub = Mälm, Melm, Stooev
Spuljunge = Spolan, Spoulan, = Spouljong	stauben = stüwe
Spüllappen = Schöddelsplack	Staubsauger = Hüülbessem
Spulrad = Jeet, Jieet, Spoulrad	staubt = stüvvt
Spülschüssel = Spöilback, Spöilkomp	stauchen = stucke
Spülstein = Waaterback	Stechbeitel = Bi'etel
Spültuch = Schöttelsplack	stechen = steäke
Spülwasser = Spöilwaater	Stechmücke = Schnaak
St. Hubert (Ort) = Zenthuppert	Stechmücken = Knooese
St. Tönis (Ort) = Zin Tüenes	stecken = pitsche
Stachel = Steäk	Steckenpferd = Steckepeärd
Stachelbeere = Steäkbier	Stecknadel = Spält, Spelt

Stecknadelköpfchen = Spelteköppke	**Stichling** = Steckerling
Steckrübe = Steckröv	**Stickhusten** = Steckhoss
Stefan = Steff	**Stiefel** = Langschäfte, Stieewel
steh = stank	**Stiefel mit Schäften** = Zochstieewel
Stehaufmännchen = Knickerdümmke	**Stiefkind** = Steefkenk
stehen = stooehn	**Stiefmütterchen** = Muckviul
stehenden Fußes = stondsfoot	**Stiel** = Stieel
stehlen = kläue, krampfe, mieekele, steähle, stibitze, stribitze, strizze	**Stielmus** = Stellmoos
	Stift = Penn, Steff
	stiften = spendiere
steht = stieeht	**still** = höerschkes. stell
steif = stief, stiew	**stimmen** = stemme
Steife = Stief	**Stina** = Christing
steifer Herrenhut = Stibiffke	**Stinkbeutel** = Stenkbüll
steifer Mensch = Duurjedöide	**stinken** = möffe, müffe, stenke,
Steifglanz = Klander	**Stinkender** = Stenkbüll
Stein = Stieen	**stinkreich** = stenkriek
Steingutgefäß = Kappesdöppe	**Stinkstudenten** = Stinknellekes
Stellage = Hüertsche, Schaap	**Stirn** = Stier
Stelldichein = Rangdevu	**Stocheisen** = Reckelieser
Stelzen = Stelze	**stochern** = pörkele, püetere, reckele
Stelzen laufen = Stelze luope	
stemmen = stämme	**Stock** = Prengel, Steck
Sterbekasse = Stervelaar	**stockalt** = steäkenalt
sterben = sterve	**stockfinster** = zappendüster
Sterbenswort = Stervenswörtche	**Stockrose** = Stockruos
Stern = Steär	**Stockwerk** = Etaasch
Sternchen = Steärke	**Stoffart** = Schakard
Sternengucker = Steärekieker	**Stoffball** = Lappeball
sternenklar = steärekloor	**Stoffband** = Bändel
Steuer = Stüer	**Stoffrest** = Poppelapp
stibitzen = mieekele	**stöhnen** = kühme
	stolpern = stalpe

Stopfen — Strickjäckchen

Stopfen = Stopp
stopfen = stoppe
Stopfgarn = Stoppjaare
Stopfnadel = Stoppnold
stören = stüere
Störenfried = Rabbelskuh
störrischer Mensch = Stissel
Stoss = Knubs, Stuot
stossen = puffe
stossen = rempele, schubbse, stucke, stuote
stottern = stamele
Stövchen = Komfürke
Strafe = Strooev
strafen = strooeve, strooewe
Strafrede = Jardinepreddich
Strahl = Strooel
Strahlen = Strooehle
Strähne = Bisel
Strand = Strank
Strang = Strank
Strasse = Strooet
Strassenbahn = Lektrisch
Straßenbezeichnung = Dyk
Strassenjunge = Klant, Strooetebraak, Strooetefleäjel
Strassenkehrer = Röschenhauer
Strassenlümmel = Strooetefleäjel
Straßenmusikant = Örjelsmann
Straßenstaub = Mälm
Strauch = Struuk
Strauchbohne = Struukbuohn
Strauchbohnen = Buschbuohne

Sträusschen = Schwisske
strecken = räkele
Streich = Ondüech, Sprijitzke, Strieek, Stri-ek
Streiche = Spüek
Streiche machen = Spüek maake
streicheln = strieke
streichen = strieke
Streichholz = Spönnche, Strickspooen, Spöen, Spönnches
Streifen = Striep
Streit = Knaatsch, Knies, Kwessiuone, Schandal. Striet
Streit anfangen = aanracke
Streit anzetteln = Striet stooeke
streiten = käbbele, käffe, kloppe, krakeele, strie'e
Streiterei = Käbbelee
Streitgespräch = Disknuorsch
Streitsüchtiger = Kniesbüll, Krakeler, Strietstooeker
streng katholisch = chresskathollisch
Strenggläubigkeit der Mennoniten = Menieeße-Fennichkieet
streuen = ströi'e
streunen = strüepe
streunende Person = Strüep
Streuselkuchen = Streuselkock
Strick = Tau
Strick- und Stopfwolle = Zijätt
Strickjäckchen = Römpke

Strickjacke — Süssigkeit

Strickjacke = Romp, Sweeter, Zweeter
Strickstrumpf = Streckstromp
Stroh = Strüeh
Strohpuppe = Strüehpopp
Strohwisch = Strü-ehwösch
Strolch = Tunrüter
Strumpf = Stromp
Strümpfe = Kooße, Kousse
Strumpfweber = Strompweäwer
struppig = strubbelig
Stube = Stuov
Stubenhocker = Huuspitter
Stubenvogel = Pötter, Zisterwitt
Stubs = Knubs
Stück = Stöck, Stomp
Stückchen = Fibbel
Stückchen Holz zum Weben = Schöttspoul
Stuhl = Stohl
Stuhlbein = Stempel
Stulle = Botteramm
stumm = stomm
Stummel = Stömpke
Stümper = Kluot, Kluotsack
Stümperei = Kluotereei
stumpf = stomp

Stumpf = Stomp
stumpf = stupp
Stunde = Stond
stundenlang = stondelang
sturzbetrunken = steärevoll
stutzen = stüppe
Stutzer = Schwippje
suchen = söcke
Suitbertus = Schwibbes
Sumpf = Somp
Sünde = Ondüech
Sünden = Söng
Suppe = Zupp
Suppe aus Möhren und weissen Bohnen = Muorejubbel
Suppe aus Vortagsresten = Jubbel
Suppengrün = Breetlook, Brieetluok, Zuppejröin
Suppenkessel = Zuppekeätel
Suppenlöffel = Zuppeleäpel
Suppenteller = Zuppeteller
Suppentopf = Zuppepott
süss = söit
Süssigkeit = Kamelle, Kommdöck, Läckersch, Leckersch, Schnöbberee

T

Tabakmarke = AB
Tabakpfeife = Hirschkronepief, Hirschkruonepief
Tabelle = Tabell
Tablett = Tabelett
Tablette = Tabelett
Tafelgeschirr = Zervies
Tag = Daach, Daag
Tag der Strassenmusik = Örjelsmittwoch
Tagelöhner = Daaglüehner
Tagesdecke = Bettsprei, Sprei
Tageszeit = Daagestiet, Daarestiet
Tagetes = Stenkstudent, Stinknellekes
tagsüber = daachsüewer
Tagungshalle der Sterbelade = Bockhall
Tand = Tinef
Tannen = Dänne
Tannenbaum = Dännebuom
Tannenduft = Dänneduff
Tannenholz = Dänneholt
Tante = Tant
Tanz = Danz
Tapete = Tapieet
Tapetenkleister = Stief
Tasche = Täsch
Taschengeld = Spouljeld

Taschen-Schnapsflasche = jlasere Bottram
Taschentuch = Schnuuvdock, Täschendock
Tasse = Tass
Tasse ohne Henkel = Koppke
tasten = taaste
tätig = opjank
Tau = Dau
taub = doof, duov
Taube = Duuv, Duv
Taubenschlag = Duvves
Taubenzüchter = Duuwejeck
Taufe = Duop, Kenkduop
Taufkapelle = Duopkapell
Taufstein = Duopstien
taugen = düeje
Taugenichts = Nixnotz, Schlaatefex
täuschen = bedümele, futele, schummele, verdommdeuvele
tauschen = huschele, tusche
tausend = dusend
Tee = Tiee
Tee von jungen Ginstertrieben = Bremmeschüet
Teekanne = Tieekann
Teelöffel = Tieeleäpel
teeren = teere
Teetasse = Tieetass

Teig	Traubenstock

Teig = Dieeg
Teil = Dieel
Teil des Stadtwalds = Vreed
Teil vom Erbe = Ervstöck
teilen = dieele
Temperament = Kawupptich
Teppichklopfer = Klöpper
Terrasse = Ömjang
teuer = dür
Teufel = Deuwel, Düwel
Theke = Thieek
Theo = Duores, Duures
Theodor = Duores, Duures
Therese = Thrieeß, Triees
Thomas = Thommes, Tommes
Thron = Truuen
ticken = ticke
tief = deep
Tier = Biees, Dier
Tier = Dier
Tierarzt = Peärdsdoktor
Tierlosung = Küetel
Tinte = Tent
Tintenfass = Enkpott, Tentefaat
Tipp = Tep
Tippelbruder = Teppelbrooer
tippen = teppe
tippsen = tepse
Tisch = Dösch, Düesch
Tochter = Dauter
Tod = Eng
Toilette = Abee, Hooef, Hüsske, Pott
Toilettendeckel = Hüsskesdeckel

Toilettensitz = Brell, Hüsskesdeckel
Toilettenstuhl = Kackstohl
tollpatschiges Klettern oder Laufen = klabastere
Tölpel = Döppe, Dussel
tölpelhafter Mensch = Jrattschkuh
Ton = Tuon
Tonne = Tonn
Tonpfeife = eärde Mutz, irde Mutz, Mutz
Topf = Pott
Topfgucker = Küekepitter, Pottekieker, Spekulöres
Tor = Pooert
Törchen = Pörtsche
Torte = Taat
tot = duot
total verrückt = stabeliert jeck, stapeljeck
Totengräber = Duodejräwer
Totenkiste = Duuedekiss
traditionelles Gasthaus der Krefelder = Spoul
tragen = drare, schleppe
Tränchen = Trönnsche
Tränen = Tröen
Tränen = Trönnches
Trank = Dronk
Tratsch = Köi
tratschen = flaare
Traube = Druv
Traubenstock = Druvewengel

201

Trauer = Truur	**Trommler** = Zimmschläjer
Traufe = Kall	**Trompete** = Tröet
Traum = Druum	**trompeten** = tröete
träumen = döse, drüeme	**tröngeln** = busele, trendele
Träumender = Dusseldier	**Tröpfchen** = Dröppke
Träumer = Bröemel, Döskopp, Steärekieker	**Tropfen** = Dropp
	tropfende Nase = Rotznaas
Träumerei = Drüesele-i	**Tropfnase** = Siepnaas
traurig = bedröbbelt, bedröppt	**Trost** = Truos
traurig sein = üre	**trüb** = mürig
Trauring = Trourenk	**trüben** = müre
treffen = bejeäjene	**Truhe** = Bruutkiss
treffen beim Murmelspiel = kettsche	**Trumpf** = Tromp
	trumpfen = trompe
Treibball = Drievball	**Truthahn** = Schruuthahn, Truuthahn
treiben = drieve, hetze	
Treibhaus = Drievhus	**Truthenne** = Schruut, Truuthenn
Trense = Trens	**Tuch** = Dock
Treppe = Trapp, trapp	**Tuchrolle** = Lieewerbuom
treten = treäne	**tüfteln** = klamüsere, püetere, utklamüsere
Triefauge = Plieroog	
triefender Regen = Siep	**Tüftler** = Prakesöres
Triefnase = Dröppnaas	**Tumult** = Termöll
triefnass = klätschnaat	**tun** = maake
triezen = piesacke	**tünchen** = witte
trinken = drenke	**Tunke** = Zaus
Trinker = Schnapsnas, Süper, Suupsack	**Tür** = Dür
	Türklinke = Klenk
Trinkgefäß = Schöttjlas	**Turm** = Turel
trocken = drüch, drüsch	**Türspion** = Luorlöckske
Troddel = Bommel, Bömmelke	**Türsprechanlage** = Schellequärk
Trödel = Krooem	
Trödler = Altrüscher	**Tütchen** = Blöske
Trommel = Tromm	**Tüte** = Blooes

U

übelnehmen = ranke
über Tag = daachsüewer
übereilt = holderdibolder
Überfluss = Pännekefett
Überflüssiges = Kroppzeug
überfressen = püsterich
Übergenauer = Peärdsküetelsjenaue
übergeschnappt = knatschdoll
überhäufen = knubbele
überhaupt = üewerhaups
überklug = superklock
überlassen = üewerlooete
überlegen = üewerlegge
übermässig leben = kraue
übermäßig sein = krau'e
Übermut = Wellmot
übermütig = röesig
Übermütiger = Wellmötije
überrascht = paff, verbaastert
Überraschungsausruf = o jömmisch
Überraschungsrufe: = mareluot!, Mariajosef, Marjialuot
überreden = belawere
überreif = fuckackig
übersatt = puupsatt
überschlagen = tommelüet
überstürzt = halsüewerkopp

übertölpeln = luckse
übertreiben = krau'e
Übertreiber = Kaskenademaaker
Übertreibung = Aanjestell, Vermaak
übertrieben = onwies
übertrieben freundlich = kackfröndlech
übervoll = pickepackevoll
übervorteilen = bedümele
Überwindung = Aanjang
Überwurf = Bettsprei, Sprei
überzählig = omp
Uerdinger = Ödingsche
Uhr mit Schlagwerk = Klock
Uhrmacher = Klockebaas
Uhrpendel = Perpentikel
Uhrzeiger = Wieser
um = öm
umändern = ömängere
umbauen = ömbou'e
umbinden = ömbenge
umblasen = ömblooese
umbringen = ömbrenge
umdrehen = ömdri-ene
umfahren = ömfahre
Umgang = Ömjang
Umgebung = Nobberschaff, Ömjeäjend
umgehen = hantiere

umgeknickte Buchseite — ungehörig

umgeknickte Buchseite = Eäselsuohr
umgraben = ömjraawe
umgucken = ömkieke
Umhang = Bäffke, Fischü
umhören = ömhüre
umiehen = verträcke
umkommen = ömkuueme
umpflanzen = ömpooete
umschauen = ömkieke
Umschweife = Fisematente
umsetzen = verpooete
umsonst = för lau, lau, ömesöns, ömsües
Umstände machen = Vermaak
Umstandskrämer = Baselmanes, Jedönnsroat, Jedönsroat
umstoßen = ömstuuete
umtauschen = ömtusche
umtopfen = ömpooete
Umweg = Ömweäg
umwerben = schmuse
umwerfend = kapaaftig
umziehen = ömtrecke
Umzug = Prozessiuon
unangemessen = schenierlich
unangenehm = fies
unangenehme Person = Breäkmeddel
unangenehmer Mensch = Fiesekontes, Kneckstieewel, Stenkstieevel
Unangenehmes = Aanjang

Unannehmlichkeiten = Maläste
unanständig = leäch, onjerejelt
Unauffälliger = Sänktekuuuess
Unaufgeräumtes = Körmel
Unaufmerksamer = scheäl Üll
unbeabsichtigt = per malör
Unbedeutende = Klätsch-Kooplüh
unbedingt = partu
unbehaglich = rumelastich
unbeholfen = onbeholpe
Unbeholfener = Lemmertzjaare, Stoffel
unbequem = onjemäckelig
unbeschuht = näcke Püet
unbrauchbares Zeug = Krempel
undurchsichtig = pöck
Unechtes = Tinef
Uneinigkeit = Knies
unempfindlich = frieet
Unfall = Malör
unfertiger Mensch = Halfjahre, Weäsling
unfreundlich = onfröndlech
Ungeduld = Onrass
Ungeduldiger = Luopbox, Onrass
ungehalten = kwoet, nöddelich, nöttlich, quooet
ungehobelt = bott
ungehobelter Mensch = Buoreprengel, Buorerämmel
ungehörig = frech wie Plack, schnobbelig

ungelenk hantieren

ungelenk hantieren = jratsche
Ungelenkiger = stiewe Böckem
Ungemach = Maläste, Malör, Onjlöck, Örschel
ungemütlich = onjemäckelig, uoselich
ungemütlicher Mensch = Brasselskuh
Ungenauigkeit = Spatt
ungeniert = onscheniert
ungeniessbar = öm
ungeniessbare Person = Schreckschruuv
Ungepflegter = Bruune, Knöspitter, Knüselspitter
ungepflegter Mensch = Stenkbüll
ungepflegtes Kleidungsstück = Pongel
ungerade = omp
ungeregelt = onjerejelt
Ungeregelter = Halvjehang
Ungeregeltes = Onfazuun
ungeschickt = onjescheckt
ungeschickt hantieren = jrattsche
ungeschickte Füsse = Brasselspüet, Brasselstiene
ungeschickte Person = Trampeldier
Ungeschickte/r = Holverkuh, Jrattschkuh
ungewohnt = onjewännt
Ungeziefer = Schnieder

unregelmässiger Querfaden

ungezogenes Kind = Pirketrecker
ungleich = tömpisch
Unglück = Malör, Onjlöck, Peäk, Schlammassel, Zufallsmalör
ungut = onjoot
unheimlich = wahßend
Unheimliches = Jejrusels
unheimliches Rauschen = Düwelswenk
uni = effe
unklar = net janz pöck
unklug = onwies
Unkraut = Onkruut, Queke
Unkraut jähten = schuffele
unmässig = onwies
unmoralische Person = Feäjer
unnötige Herausstellung = Exküse
unnötiges Getue = Jedöns
unnötiges Öffnen = pöerze
unordentlich = haggele, knöngelech, onjerejelt
unordentliche Person = Fleckschuster
unpassend Angezogener = Pengsvurel
Unrast = Onrass
Unrecht = Onreit
unrechtmäßig aneignen = büüt maake
unregelmässiger Querfaden = Schlengerdrooeht

unreifer Bengel = Schnüesel
unreifer Junge = Rotznaas
unreifer Mensch = Flabes
unreifes Volk = jröin Jemöis
Unruhe = Onrass, Onrou
Unruhestifterin = Feäg
unruhig = onröhig, onröich
unruhig werden = Pemernelles krieeje
unruhige Kinder = Trabante
Unruhiger = Kremmelsteärt, Rabbelskuh
unruhiges Kind = Weppsteärt, Wibbelsteärz
uns = os
unsauber = knöngelech, schmörmelich
unscheinbar = ullig
unschön = schäbbich
unschuldig = onschöldich
unsereiner = oserieene
Unsinn = näcke Vertell, Spüek, Stuss
Unsinniges = Peijaskro-em
unsympathische Person = Schreckschruuv
unten = onge
untendurch = ongenduor
unter = onger
Unter der Linde = Onger de Leng
Unterbein = Ongerbi-en
Unterbett = Ballgaß
unterderhand = ongerhanks

untereinander Gekochtes = Dätsch
untereinander gemischt = jeknätscht
Untereinandergekochtes = Jubbelezupp
Untergang = Ongerjank
Unterhaltung = Amesemang, Bubbel
Unterhaus = Ongerhuus
Unterhemd = Ongerhemm
Unterhose = Ongerbox
Unterjacke mit Ärmel = Kamisoel
unterkriegen = ongerkrieje
Unterleib = Ongerliev
Unterlippe = Ongerlepp
unterscheiden = ongerschie-e
Unterschenkel = Hessebengke
unterschlagen = plattschlare
unterschreiben = ongerschriewe
unterste = öngerschte
untersteh' dich! = ongerstank dech !
untersuchen = ongersöcke
unterwegs = ongerweäjes, op Jöck, op Kömpkesweg, op Schött, op Trapp
unterwürfig bedienen = Fott nordraare
Untugend = Ondüech
Unüberlegtes = Sprijitzke
unverbindlich = öm flautes

Unverheiratete	verfeinern
Unverheiratete = Joffer, Jöfferke **unverhofft** = onverhüts **Unvermögen** = Onverstank **Unvernunft** = Onvernonft **Unverstand** = Onverstank **Unwesentliches** = Köi **Unwetter** = Onweär **unwohl** = flau, rummelastig **unzufrieden** = nöttlich, ontefrieene	**Unzufriedener** = Knötterpott, Krintekecker **Unzurechenbarer** = Üewerjeströpde **unzuverläsiger Junge** = Bommel **unzuverlässiger Mensch** = Laumann, Puckel, Wenkbüll **üppig** = pännekefett **üppige Kost** = Pännekefett **urinieren** = pische

V

Vater = Papp, Vaader, Vatter **Veilchen** = Vijöhlsche, Vijölsche **verabschieden** = avtrekke **verächtlich** = minachtich **verändern** = verängere **Veränderung** = Remedur **verbergen** = verberje **verbieten** = verbie-e **verbinden** = verbenge **Verbindungsseide** = Drömel **verbogenes Speichenrad** = Bretzel **verborgene Not** = Uosel en et Pläkske **verboten** = verbooene **verbrannt** = verschrött **verbrauchen** = verbruke **verbrodeln** = verpröttsche	**verbunden** = tusamejefriemelt **verbürgen** = kaviere **Verdauung** = Jeschäff, Stohljang **Verdauung haben** = driete **Verdauungsgeräusch** = Fuurz **verderben** = verderve, versaue **Verdickung** = Knubbel **verdienen** = verdeene **verdorben** = öm, schangig **verdrecken** = beäre **verdrehen** = verdrieehne **verdriesslich** = nöttlich **verdroschen** = verkamesölt **verdunkeln** = verdömpele **verdutzt** = verbaastert **Verehrer** = Karresant **verfeinern** = okuliere

verfilzter Haarschopf = Poljoneskopp
vergammeln = verknöngele
vergangen = verlieen
Vergängliches = Stür
vergeben = verjeäwe
vergessen = hengerweägs looete, verjeäte
Vergissmeinnicht = Maisöitche
vergleichen = verjlieke
Vergnügen = Amüsemang, Bekömmsel, Pläsier
vergreifen = verjriepe
Vergrösserungsglas = Schöttjlas
verhalten zulangen = püemele
Verhältnis = Fisternöllche, Knöngel
verhauen = kloppe
verhauen = verbimse, verbläue, verkamesölt
verheben = verbüre
verhören = verhüere
verhungern = verhongere
verjubeln = verjöcke
verjubelt = verkimmelt
verkaufen = verkloppe
Verkäufer = Ladeschwengel
verkehrt = verkiehrt
verkleiden = verkle 'e, vermustere
verkleidet = verkledd
verklemmte Person = Söllerjieet
verknauscht = verknötscht
verkochen = verpröttsche

verkommener Mensch = Pongel
verkramen = verkrooese
verkriechen = verkruupe
Verlangen = Jöem, Jüem
verlangen = jöömere
verlassen = modderselligalleen, uttreäne, verlooete
verlaufen = verluope
verlauten = verlu'e
verlegen = benött, verknöngele, verleäje
Verlegenheit = Bredullje, Verleäjenhieet
verleihen = verli'ene
verlieren = verknöngele
verloren = perdü, verkimmelt, verschummelt
verloren gegangen = flüete jejange
Vermieter = Hospes
vermodert = müffig
Vermögen = Vermüeje
Vermutung = Hüeresare
vernachlässigte Behausung = Bölt
vernichten = verratzte
vernügen = amesiere
verpetzen = aanklapeie, verklappe
verpflanzen = verpooete
verpfuschen = versaue
verprügeln = utdieele, verbengele, verbläue, verkloppe, vermöbele

verprügelt = verkamesölt	**verschweigen** = verschwieje
verprügelt werden = jeschuurt krieje	**verschwenden** = verjöcke
verputzen = pliestere	**verschwenderisch** = pännekefett
verraten = klapeie, quatsche, verratzt, verratzte, verrooene	**verschwenderisch sein** = kraue
verregnen = verreäjene	**verschwunden** = futsch
verrückt = doll, follemente, knatschdoll, plemmplemm	**versehen** = verkieeke
Verrückter = Doll, jecke Ditz	**versengt** = verschrött
Verrücktheit = Aapere'i, Fimmel, Rabbel	**verspanntes Blech** = Schnieder
versalzen = versalte	**verspätete Überlegung** = Nooejedanke
versaufen = versuupe	**verspielen** = verduon, verspieele
versäumen = versüüme	**Versprechen** = Schöldigkieet
versäumt = versümmt	**versprechen** = verbubbele, verspreäke
verschämte Armut = Uosel en et Pläkske	**Verstand** = Jrips, Verstank, Verstieehsdomich
verschlafen = verpenne	**verstanden** = verstange
Verschlag = Huort, Kabäuzke, Kabüffke	**Verständnis** = Verstieehsdomich
verschlammtes Gewässer = Schlot	**verstauchen** = verstucke
verschleissen = verschlieete	**verstecken** = verberje, verstoppe
verschlissen = Nopp av, Nopp dooevan	**Versteckspiel** = Eckepinau, Pinau
verschmutzen = beäre	**verstehen** = kapiere, verstooen
verschossen = fahl	**verstimmt** = benött
verschreiben = verschrieve	**verstorben** = avvjekratzt, verstorve
verschrumpft = verschrompelt	**verstossen** = verstuote
verschütten = matsche, schlabbere, verschlabbere, zubbele	**Versuch** = Fummelei
	versuchen = prakesiere, versöcke
verschüttet = verschött	**verteilen** = verdieele
	verteufelt = verdöllt
	Vertiefung = Blötsch, Kull
	vertragen = verdrare

vertreiben = verdriewe
vertreten = vertreäne
vertrinken = versuupe
vertrocknen = verdrüje
vertun = verduon
verunstalten = verschangeliere
Verwandte, Kinderschar = Bajaasch
verweisen = verwiese
Verwirrtes = Knöngel
verwöhnen = verweäne
verwöhnt = vertaart
verworren reden = stamele
verwundern = verwongere
Verwunderungsruf = Hosses !
verzehren = vertehre
verzögern = verschlibbere
viel = vüel
viel Arbeit = Brassel
viel bewegt = jekraut
Vielerlei = Brassel
Vielfrass = Freätklötsch, Freätsack, Röschenhauer
vielleicht = veletz, vlets, vletz
Vielredner = Schlabberschnuut, Schwaadlapp
Vielsprecherin = Schnäbbel
vier = vier
vierhundert = vierhongert
viertausend = vierdusend
Viertel = Vierdel
vierzehn = veerteen, vertehn
vierzig = veerzich
Violine = Vijelin

Vitrine = Jlaserekaas
Vögel = Vüejel
Vogel = Vurel
Vogelkäfig = Kau
Vogelkäfig = Märlingskau, Möschekau, Vurelskau
Vogelmiere = Miir
Vogelnest = Vurelsni-es
Völlegefühl haben = püsterich
vollkommen durchnäßt = drietnaat
von aussen = van bute
von dannen = vandänn
von hinten = van henge
von innen = van benne
von selbst = van selvs
von vorn = van vüre
von wegen = vanweäje, von weäje
von weitem = van fäere, van wieem, van witsem
vor = vür
voran = vorran, vüran
voraus = vöruut
vorbei = langes, perdü, vörbee
vorbei gehen = passiere
vorbereiten = brieet maake
vorbeten = vürbeäne
Vorderseite einer Münze = Tieekes
Vorgesetzte = Böeverschte
vorgestern = vürjister
Vorhemd = Vürhemm

Vor-Hemdchen	Wandschränkchen für ...
Vor-Hemdchen = Schemisettsche	**vorsichtig sein** = eneit nähme
vorige = vörije	**Vorsitzender** = Baas
vorkommen = passiere, vürkuome	**Vortagsreste** = Jubbel
vorlaut = vürwitzig	**vortäuschen** = markiere, parat maake, simmeliere, vürmaake, wiesmaake
vorlaute Person = Schnirp	**vorübergehend** = op Stippe
vormachen = vürmaake	**vorwärts** = hott
Vormittag = Vürmeddag	**vorwerfen** = vürschmiete
Vorname = Vürnam	**vorwitzig** = vürwitzig
vornean = vürenaan	**Vorwitziger** = Vürwitznaas
vornehm = vürnehm	**vorzeigen** = stiepe
vornehmen = vürneähme	
vorsichtig handeln = laviere	

W

Waage = Wooech	**wählerischer Mensch** = Püetermanes
wach = wackrich	**wahr** = wohr
Wachhaus = Schelderhuus	**Wahrheit** = Worret
Wacholder = Muusschwanz	**Waisenkind** = Waisekenk, Wiesekenk
wachsen = waasse	**Waldbeeren** = Worbele
wackelig = labberig, schwabbelig, wabbelich	**Waldwiese** = Bend
wackeln = waggele	**Wand** = Plänk, Wank
Waden = Küüte	**Wand auf dem Dachboden** = Drempel
wagen = reskiere	**Wandbrett** = Reckske, Schaap
Wagen = Warel	**Wandergeselle** = Teppelbrooer
Waggon = Wajong	**Wandschränkchen für Garnrollen** = Bobingekeäske
Waghals = Wooechhals	
Wagnis = Sprijitzke	
Wählerische/r = Fimmelsnaas	

Wanne — Weckpuppe

Wanne = Back, Küffke
war = wooer
wäre = wör
Ware andrehen = aanklappe
Ware aus dem Kramladen = Wenkelswar
warm = wärm
wärmendes Kleidungsstück = Bäus
warum = woröm
Warze = Fratt
was = wat
Wäscheleine = Ling
waschen = wäsche
Waschfrau = Wäschfrau
Waschkorb = Mang
Waschküche = Wäschküek
Waschlappen = Wäschlapp
Waschmaschine = Wächmasching
Waschschüssel = Wäschlampett
Waschschüssel mit Krug = Waschlampett
Waschtisch = Kammuod
Waschtrog = Bütt
Waschweib = Wäschwiev
Waserkessel = Waaterkeätel
Wasser = Waater
Wassergefäß = Waaterback
Wasserguss = Jitsch
Wasserkanne = Waatertüet
Wasserkanne in der Waschschüssel = Lampett
Wasserkopf = Waaterkopp

Wasserlache = Waaterpooel
Wasserloch (Niepkuhlen) = Kull
Wasserloch = Pütt
Wassermotor = Waatermotor
Wasserstiefel = Waaterstieewel
Wassertropfen = Waaterdropp
Wasserwaage = Waaterwooech
Watsche = Uurfiech
Watschen = Wammänner
Watte = Watt
Webbank = Settesplank
weben = weäwe
Weber = Weäwer
Weber, der breite Stoffe webt = Brieetwirker
Weberkamm (Teil des Webstuhls) = Kamm
Weberlehrling = Spoulan, Spouljong
Weberschiffchen = Schöttspoul
Weberstrumpf = Treänkooß
Webfehler = Halplätz, Hennefott, Hennefotte, Spatt, Spatte
Webkette = Kett
Webstuhl = Jaquard, Schakardstohl, Stohl, Stooehl, Tau
Webvorbereitung = Enschlach
wechseln = wessele
Wecken = Weck
Weckmann = Klooeskeärl
Weckpuppe = Weckpopp

wedeln — werden

wedeln = püsele
weg = futsch, verschött
Weg = Weäg
wegen = weäjes
weglaufen = stiffte jooen
wegnehmen = affluckse, kläue, stibitze, stribitze, strizze
weh = wieeh
wehklagen = lamentiere
wehleidig sein = quängele
Wehleidigkeit = Aanjestell
wehtun = wieehduon
Weib = Wiev
weiblicher Spatz = Raddei
weich = manks, wieek
weiche Birne = wieeke Bie'r
weichlicher Mensch = Sänktekuoß
Weide = Wee
Weidenkätzchen = Mimmkätzke, We-ekätzkes, We-ijekätzkes
Weidenknospe = I-Kätzke, Mimmkätzke
Weidenkorb = Bratsch
Weidenrute = Witsch
Weihnachtsbaum = Chressbuom, Dännebuom
Weihnachtsfest = Chressmes
Weihnachtstage – Chrieesdag
Weihwasser = Weeiwaater
Wein = Wien
Weinbauer = Wienbuur
Weinberg = Wengert
Weinbrand = Konjäckske
weinen = bleäre, brölle, fimpen, jriene, kei'e, knaatsche, zumpe
weinerlich bitten = jranke
weinerlich sprechen = braatsche
Weinerlicher = Jrienbröttsche
Weinflasche = Langhälske
weise = wies
weisen = wiese
Weisheit = Altverstank, Wi-et
Weisheiten = Wieshieete
weismachen = wiesmaake
weiss = witt
Weissbrot = Weck
Weissbrot mit Rosinen = Rosinepottweck
Weissbrot, rundes = Pottweck
Weissdorn = Meählbiere
weissen = witte
Weisser Sonntag = witte Sonndag
weißgekleidetes Mädchen = Streuengelke
Weisskohl = Kappes, Wittekappes
weit = wiet
weiter = wieer, wier
Weizen = Weet
wem = wäm
Wenig = Möffelke
wenig = wennich
wenn = ov
wer = weä
werden = wüer

werkeln = erömbusele
Werkstatt = Noldekapell, Schopp, Wenkel
Werktag = Werkeldaach
Werkzeug = Pötter
Werner = Nieres
Wertloses = Bäddelskroem, Pröll
Wesen = Weäse
Wespe = Wepsch
Weste = Romp, Wess
Wetter = Weär
wetterfest = frieet
Wichsbürste = Wixbüerschel
widerwärtiger Kerl = fiese Möpp
wieder = wier
wieder aufgreifen = norkaarte
wiederbekommen = wierkrieje
wiedergeben = wierjeäwe
wiederkommen = wierkuome
wiedersehen = adschüss
Wiege = Heija, Wech
wiegen = pöngele
Wiese = Bend
Wiesenblume = Majeritteblömke
Wiesenschaumkraut = Kukuksblom
Wiesenstrauß = Kruutwöösch
Wild = Weld
wild fussballspielen = bolze
Wilhelm = Wellem, Will,
Wilhelmine = Miene, Miinche, Ming
Wille = Well

Willi = Will
Wind = Wenk
winden = bretzele, rengele
Winden = Schlöeperkes
Winderin = Wengersche
Windmühle = Wenkmüehl
Windvogel = Kölscher, Wenkvurel
Windvogelkordel = Wenkvurelskoord
Winkel = Wenkel
Winkeladvokat = Wenkelavvekat
winken = wenke
winkliger Riß in der Kleidung = Fief
Winter = Wenkter
Winterarbeitszeit = Lampewerke
winterlich = wenkterlech
Wintermantel = Beus
Winterwetter = Wenkterweär
Winzer = Wienbuur
Wippe = Wipp
wir = mer
Wirbel = Tirvel
wird = wörd
Wirsing = Schaffou, Schavvou
Wirt = Wieert
Wirtin = Wieertsfrau
Wirtschafterin = Huushäldersche
Wirtsleute = Wieertslüh
Wischlappen = Opneähmer

Wissen	Xantippe
Wissen = Wieet, Wi-et	**wortfechten** = käbbele
wissen = wieete	**wringen** = frenge
Witwe = Wettfrau	**Wringmaschine** = Frengmasching
Witwer = Wettmann	**wühlen** = wühle
Witzbold = Tünnes	**Wühler** = Wööhles, Wüeles
wo = wooe	**wund** = wonk
woanders = woangersch	**Wunde** = Wong
Woche = Weäk	**Wunder** = Wonger
wochenlang = weäkelang	**Wunderheiler** = Quacksalver
wogegen = wojeäje	**wundern** = verwongere, wongere
woher = vandänn	**Wunsch** = Wonsch
wohnen = wooehne	**wünschen** = wönsche
Wohnung = Wooehnes, Wooenes	**Würfelzucker** = Knüppke
Wohnung eines Krefelder Strumpffabrikanten = Sockeburg	**Wurm** = Pirk, Worm
	Würmer = Wörm
Wohnviertel = Vierdel	**Wurst** = Wuorsch
wollenes Leibchen = Sieelewärmer	**Wurstbrot** = Wuorschbruuet
	Wurzel = Wortel, Wottel
Wollquaste = Plümm	**wüster Schrei** = Bröll
womit = womöt	**Wut** = Jrell, Raasch
Workaholic = Wüehles	
Wort = Wooert	

X

Xantippe = Zantip

Z

zaghafter Mensch = Wäschlapp
zäh = frieet
zählen = tälle
zahm = taam
Zahn = Tank
Zahnarzt = Schnuuteklempner
Zahnfleisch = Bälderkes
Zahnschmerzen = Tankping
Zange = Tang
zanken = käbbele, käffe, knäbbele, krakeele, tagge
Zäpfchen = Tap
zapfen = zappe
Zapfhahn = Zapphahn
zappeln = jrattsche
zärtlich betasten = fummele
Zauderer = Trendelbox
zaudern = tröggele
Zaun = Tuun, Vrieed
Zeh = Tieen
Zehenläufer = Tieenelüeper
zehn = teen
Zehn-Pfennig-Stück = Jrosche
zehntausend = teendusend
Zehnuhrsmesse = Teenures
Zehrgeld = Teerjeld
Zeichen = Tieeke
zeigen = wiese
Zeisig = Ziss
Zeit = Tiet

zeitlebens = allsuoleäwe, suoleäwe
zerbeissen = knettsche
zerfasern = reffele
zerkauen = knettsche
zerteilt = jedubbelt
Zeug = Tüch
Ziege = Hipp, Jieet
Ziegel = Tichel
Ziegelbäcker = Tichelbäcker
Ziegelei = Panneschopp, Tichelei
Ziegelstein = Tichelstieen
Ziegelwerk = Panneschopp
Ziegenweide (auch Ortsangabe) = Jieetelooek
Zieharmonika = Kwetschbüll, Quetschbüll, Quetschkommuod
ziehen = trecke
Ziehkarre = Schlagkaar, Treckkaar
ziemlich = zemlech
Zierschrank = Vertiko
Zigarette = Sarchnarel, Zarett
Zigarre = Zijar
Zigarrenkiste = Zijarekiss
Zigrettenkippe = Kipp
Zimmer = Kaamer

Zimmermann = Tömmerer, Tömmermann
Zimmerschlüssel = Kaamerschlüetel
Zimt = Kanieel
Zink = Zenk
Zinn = Zenn
Zipfel = Knüerzke, Tömp, Zibbel
Zitrone = Zitruon
zitronengelb = knatschjeäl
zittern = davere, rasele, zettere
Zittern = Zedder
zögern = trendele
Zollstock = Zollsteck
Zopf = Zopp
Zöpfe = Fleite
Zorn = Jieef, Jrell
zu = te
zu Besuch = op Stippe
zu gange = jäng, opjank
zu viel = tu vüel
züchtigen = vermöbele
züchtiger Kuss auf Stirn oder Wange = Bejingebützke
Zucker = Zocker
Zuckerrübenkraut = Muorekruut
Zuckerstückchen = Knüppke
zuerst = ersch
zufällig = per malör
zufrieden = kontent
Zug = Treck
Zug = Zoch
zugetan sein = brieet sieen op

Zugezogener = Okulieerde
zugleich = tujliek
Zugpferd = Rhenaniapeärd
Zugreifender = Jriepspooen
Zugschranke = Bajeere
zulangen = bengele
zuletzt = tuletz
Zunge = Tong
zunichte machen = versaue
zupacken = ramsche
zupackend = kapaaftig, krallich
Zupackender = Jriepspooen, Packaan
zupfen = knibbele
Zupfgeige = Jitta
zuprosten = prosste
zuquatschen = belawere
zur Abgabe überreden = affluckse
zur Erstkommunion gegangen = avjekuoeme
zur Erstkommunion gehen = mötaffkuome
zur Kommunion gegangen = möt affjekuome
zur Suppe verlängerter Eintopf = Jubbelezupp
zurechtgewiesen = jetüscht
zurechtlegen = parat maake
zurück = retour, trück
zurück lassen = hengerweägs looete
zurückbekommen = wierkrieje
zurückgeben = wierjeäwe

zurückstecken = nooejeäwe
zusammen = be-enieen, tesame, tusame
zusammen binden = benge
zusammen gekratzt = jeschart
zusammengestellt = tusamejefriemelt
Zustand tiefer Traurigkeit = ärm Dier
zutraulich = bierfröndlech
Zutreffendes = Paaß
zweckloses Tun = Mönnekesärbet
zwei = twiee
zweifelhafter Geselle = Fent
Zweifler = Kniesterfiester
Zweig = Tack, Telch

Zweigbündel = Schwisske
Zweipfennigsbrötchen = Twiee-Pennings-Bröttche
zweirädriger Wagen = Scheäs
zweite = twedde
Zwieback = Beschüüt
Zwiebel = Luuek, Scharlott
Zwiebelsosse = Luuekzaus
Zwiebelsuppe = Luuekzupp
zwingen = twenge
zwirbeln = frieemele
zwischen = tösche
zwischendurch = töschenduur
zwischenschieben = kwetsche
Zwist = Knaatsch
zwölf = twälf

Nachwort

Noch en paar Wœert...

Sie haben sich bestimmt schon einmal gefragt "Wie schreibt man Mundart?" Darüber gibt es zwar viele Abhandlungen in Bibliotheken, doch man ist sich (und wird sich) nicht einig. Mundart spricht man und jeder soll meines Erachtens so schreiben, wie er es möchte (und wie er das jeweilige Wort hört). So wie es keine richtige und keine falsche Mundart gibt, so wenig gibt es eine richtige und eine falsche Schreibweise. Schulrat Franz Heckmanns (1892-1981) formulierte es einmal so: "Schreib, wie du sprichst!" Wiederum ist die sprichwörtliche Krefelder Toleranz gefragt.

Und noch ein Gedanke: Es kann schon deshalb in Krefeld keine einheitliche Schreibung geben, weil in den Orts- und Stadtteilen in Nuancen anders gesprochen (und somit auch geschrieben) wird.

Dieses Wörterbuch basiert – wie schon im Vorwort gesagt – auf dem im Jahre 1978 erschienenen Wörterbuch meines Mundartfreundes Willy Hermes (1903-1990), das zur Grundausstattung zahlreicher Krefelder Haushalte gehört. Hermes bringt rund 2.800 Begriffe, gute Übersetzungen, typische Beispiele und treffende Redensarten. Doch meine Freunde und ich haben zahlreiche Wörter vermisst. Deshalb haben sie mit mir gesucht und mehr als 2.200 weitere Begriffe gefunden. Und ich habe erstmals in einer Ausgabe auch die Sortierung "Deutsch – Krieewelsch" vorgenommen. Alles kurz, knapp und übersichtlich!

Nachwort

Ein Sammel-Problem waren die "beliebten" Schimpfwörter. Gehören sie in ein Wörterbuch? Ich habe die Frage für mich mit ja beantwortet, wollte ich doch dazu beitragen, den Krefelder Wortschatz festzuhalten. Ebenso ist es mit den (auch mir) weitgehend unbekannten Begriffen aus der Färber-, Weber- und anderen einstmals in Krefeld beheima-teten Fachsprachen. Sie gehören in diese Sammlung! Wo sollte man sie sonst finden?

Herzlich danke ich den Mundartfreunden vom KREIS 23 und dem Mundart-Arbeitskreis im Krefelder Verein für Heimatkunde für ihr Mitsammeln und ihren Rat. Besonders unermüdlich unterstützt und immer wieder er- und aufgemuntert hat mich mein Freund Josef Heister.

Natürlich haben sich auch meine Frau Marianne, die Druckerei und der Verlag ein dickes Dankeschön für ihre Geduld verdient. Und was wäre dieses Wörterbuch ohne das Engagement des Krefelder Einrichtungshauses Franz Knuffmann, das in diesem Jahr sein hundertjähriges Firmenjubiläum begeht? – Gewiß noch nicht gedruckt!

Ich wünsche mir nun, daß der "kleine Webers" und der "große Hermes" in Zukunft gemeinsam auf dem Tisch der Krefelder Mundartfreunde zu finden wären. Und ich finde es angenehm, daß sich dieses handliche Büchlein leicht "en de Fottetäsch" mitnehmen läßt.

Nachwort

Ein besonderer Clou: Unter www.krieewelsch.de können Computerfreaks online im Wörterbuch recherchieren.

Ach ja, sicherlich werden Sie immer noch den einen oder anderen Begriff vermissen. Das liegt in der Natur der Sache, denn das Wissen um die Mundart verblasst leider von Jahr zu Jahr. Ich bitte Sie deshalb, mir fehlende Wörter mitzuteilen, denn die Sammlung wird wohl nie zu Ende gehen.

Krefeld, im November 2000

Seidenweber-Bücherei
Heinz Webers, Sollbrüggenstraße 78 b,
47800 Krefeld
E-Mail: Info@krieewelsch.de

Autor-biografisches

Heinz Webers hat im April 1935 am Rande der Krefelder Innenstadt, genau gesagt in der Seidenstraße, das berühmte Licht der Welt erblickt. Im zarten Alter von sechs Jahren "zogen" ihn seine Eltern zum Dießem, wo er bis 1960 Dießemer Platt in sich aufsog.
Er lernte Beamter bei der Stadt, war mit Leib und Seele Pfadfinder, einige Jahre Stadtjugendführer des Bundes der Deutschen Katholischen Jugend und hatte schon immer Freude an der Mundart. Während es im Elternhaus meist hieß: "Sprech örndlech, du sollst mal was Richtiges werden!", hat er von seinem liebenswerten Schwiegervater Fritz Wassen viel Platt dazugelernt. Ebenso von den Mundart-Freunden des KREIS 23, dem er fast 15 Jahre angehörte.

Im Jahre 1997 gründete er die Mundartgruppe des Ortsvereins Krefeld im Verein Niederrhein und ist seit 1998 Sprecher des von ihm und einigen Mundartfreunden ins Leben gerufenen Arbeitskreis Mundart, Brauchtum und Volkskunde im Verein für Heimatkunde e.V. Krefeld.

Heinz Webers hat selbst nur einige Mundartbeiträge verfaßt, trägt gern Mundart vor und moderiert Mundart-Veranstaltungen. Er sieht sich eher als Mundart-Manager, so wie er sich selbst schon früh als Büro-Pfadfinder bezeichnete.